供给侧改革下的煤炭产销协同

枣庄矿业集团煤炭产销创新实践

满慎刚　等◎编著

中国经济出版社
CHINA ECONOMIC PUBLISHING HOUSE
·北京·

图书在版编目（CIP）数据

供给侧改革下的煤炭产销协同：枣庄矿业集团煤炭产销创新实践/满慎刚等编著.
北京：中国经济出版社，2018.4
ISBN 978-7-5136-5098-4

Ⅰ.①供… Ⅱ.①满… Ⅲ.①煤炭企业—销售管理—研究—山东 Ⅳ.①F426.21

中国版本图书馆 CIP 数据核字（2018）第 035515 号

责任编辑 丁 楠
责任印制 马小宾
封面设计 任燕飞

出版发行 中国经济出版社
印 刷 者 北京金明盛印刷有限公司
经 销 者 各地新华书店
开　　本 710mm×1000mm 1/16
印　　张 12.25
字　　数 158 千字
版　　次 2018 年 4 月第 1 版
印　　次 2018 年 4 月第 1 次
定　　价 68.00 元
广告经营许可证 京西工商广字第 8179 号

中国经济出版社 **网址** www.economyph.com **社址** 北京市西城区百万庄北街 3 号 **邮编** 100037
本版图书如存在印装质量问题，请与本社发行中心联系调换（联系电话：010-68330607）

本书编著委员会

主　任　满慎刚

副主任　杨尊献　刘中胜　刘文宝　许庆刚

成　员　刘真伦　孙友森　陈凤利　徐若友
靳家皓　刘德科　陈雪斐　陈传海
董汉伟　李建军　赵天波　贝　波
韩怀臣　纪玉华　赵　帅

前言

PREFACE

长期以来，煤炭作为我国的基础能源和重要原料，在能源消费中占有很大比重，对国民经济和社会发展起到了举足轻重的作用。随着国家对环境保护的高度重视和产业结构的进一步调整，我国能源结构得到进一步优化。环境和安全倒逼的战略转型，以及全球能源技术创新下的多元化趋势，使煤炭在中国能源格局中的基础地位受到挑战，在能源结构中所占的比例逐步下降。但在未来相当长的时间内，煤炭作为我国基础能源的地位不会发生根本改变。

近年来，我国经济在经历了三十多年的持续高速增长后进入了一个新阶段，经济增速放缓，结构调整加快，我国经济主动转入了以中高速增长为特征的新常态。为适应新常态、引领新常态，中央提出要积极推进供给侧结构性改革。要求从提高供给质量出发，用改革的办法推进结构调整，矫正要素配置扭曲，扩大有效供给，提高供给结构对需求变化的适应性和灵活性，提高全要素生产率，更好满足广大人民群众的需要，促进经济社会持续健康发展。伴随着供给侧结构性改革的持续推进，煤炭行业及煤炭企业面临着巨大的机遇和挑战。

2012 年下半年以来，受全球经济低迷、资源环境问题凸显和产能过剩、煤炭供给宽松等因素的影响，我国煤炭市场出现了供大于求的局面，煤炭价格大幅下滑，很多煤炭企业陷入了库存积压、产品滞销、效益下滑的困境。面对煤炭市场持续下行、企业效益低位运行的巨大压力，山东能源枣庄矿业（集团）有限责任公司（以下简称“枣矿集团”或“枣矿”）认识到，传统被动式的煤炭产销模式已经不能适应经济发展新常态，唯有立足供给侧结构性改革，主动实现自我革命，创造有效供给、高效供给，才能走出一条质量更高、效益更好、结构更优、优势充分释放的煤炭产销新路子，为自己赢得新的发展机遇。在深度分析煤炭滞销、质量过剩、供需矛盾等问题的基础上，枣矿集团围绕供给侧与需求侧的有机结合，提出了“煤炭产销深度协同”战略，构建并实施了煤炭产销协同运营模式。在具体实践中，枣矿集团坚持经营性生产与效益性营销相结合，科学把握采场与市场的结合点、产量与质量的平衡点，实现了“以产促销、以销带产、产销联动”，提高了企业核心竞争力和经济效益。2017 年，枣矿集团实现营业收入 1050 亿元，比历史最高的 2016 年增加 365.02 亿元，增幅 53.29%，提前三年完成“十三五”规划目标；实际经营利润完成 65.31 亿元，比历史最高的 2011 年增加 6.43 亿元，增幅 10.92%。同时，通过有效实施煤炭产销协同，枣矿集团实现了从提供产品到提供一体化解决方案的商业模式的转型升级，最大限度地满足了客户需求。本书将枣矿集团煤炭产销协同的理论创新与实践经验加以系统总结，以期为我国其他煤炭企业提供积极借鉴。

本书共分七章。第一章分析了当前影响我国煤炭企业煤炭产品有效供给的主要因素及枣矿集团深入推进煤炭产销协同的背景和必要性；第二章运用供应链管理、协同管理、客户关系管理等现代管理理论，分析了枣矿集团煤炭产销协同的原则、内涵、性质、特征、功能、运作保障及意义；第三章对枣矿集团煤炭产销协同的运营模式及实施途径进行了研究；第四章阐述了枣矿集团煤炭产销协同的主要做法及保障措施；第五章介绍了枣矿集团生产矿井煤炭产销协同的实施情况和实践经验；第六章总结、分析了枣矿集团煤炭产销协同的实施成效与启示；第七章提出了枣矿集团煤炭产销协同的完善对策。

本书在写作过程中，参考和引用了国内外许多文献资料，在此一并表示感谢。由于水平有限，本书难免有不足之处，敬请各位专家和读者批评指正。

作　者

2018 年 1 月

目录

CONTENTS

第一章

绪　论

新中国成立以来，煤炭作为我国的基础能源和重要原料，在一次性能源生产和消费中的比例长期占70%以上，在国民经济和社会发展中具有非常重要的战略地位。尤其是上世纪九十年代以来，我国经济进入高速增长阶段，煤炭产量持续大幅增加。根据国家统计局公布的数据，我国1995年煤炭产量13.61亿吨，2005年煤炭产量21.1亿吨，2014年煤炭产量38.7亿吨。近年来，随着国家对环境保护的高度重视和产业结构的进一步调整，我国能源结构得到进一步优化，煤炭在能源结构中所占的比例逐步下降。但据权威机构预测，到2050年，煤炭在我国一次性能源生产和消费中所占的比例仍将达50%以上。可以说，在未来相当长的时间内，煤炭在我国能源和经济发展中依然具有不可替代的地位。因此，对煤炭生产、消费中所出现的任何重要变化都应高度重视、认真研究、积极应对。

2012年下半年以来，我国煤炭市场形势发生突变，表现为国内煤炭需求的增长速度明显放慢，进口煤大量涌入国内市场，国内煤炭市场出现了供大于求的局面。煤炭行业告别了“黄金十年”，由持续高速增长进入“需求增速放缓期、产能过剩和库存消化期、环境制约强化期、结构调整攻坚期”的“四期并存”发展阶段，很多煤炭企业陷入了库存积压、产品滞销、效益下滑的困境。这种严峻形势对煤炭企业造成的冲击，表面上是对企业产品的冲击、对企业经济增长速度的冲击，实质上是对企业发展方式的冲击、对企业传统商业模式的冲击。

改革开放三十多年来，我国经济持续高速增长，成功步入中等收入国家行列，已成为名副其实的经济大国。但近年来，我国经济进入了一个新阶段，主要经济指标之间的联动性出现背离，经济增长持续下行与CPI持续低位运行，居民收入有所增加而企业利润率下降，消费上升而投资下降，等等。简言之，我国经济的结构性分化正趋于明显，我国经济发展进入新常态。从表面上看，经济新常态就是经济增速换挡回落，从高速增长转为中高速增长。但经济新常态内涵十分丰富，经济新常态要求经济增长方式由粗放型向集约型转变，产品制造由低端向高端转变，经济增长的动力由要素投入驱动向创新驱动转变。所有这些转变都与能源消耗直接关联，经济新常态预示着能源需求的低增长。因此，煤炭行业面临的问题不只是目前的困境，还有长期的困扰。

为适应新常态、引领新常态，中央提出要积极推进供给侧结构性改革。供给侧结构性改革的根本目的是提高社会生产力水平，落实好以人民为中心的发展思想。要在适度扩大总需求的同时，去产能、去库存、去杠杆、降成本、补短板，从生产领域加强优质供给，减少无效供给，扩大有效供给，提高供给结构的适应性和灵活性，提高全要素生产率，使供给体系更好地适应需求结构的变化。伴随着供给侧结构性改革的持续推进，煤炭行业及煤炭企业面临着巨大的机遇和挑战。对于投资过度导致产能严重过剩的煤炭行业，供给侧结构性改革首先要实现去产能、去库存和降成本。而对作为微观个体的煤炭企业，供给侧结构性改革应该从生产、供给端入手，通过调整并优化企业内部供给结构，使企业的资源要素在各个环节实现优化配置。

面对日益严峻的煤炭市场形势，枣矿集团认识到，传统被动式的煤炭产销模式已经不能适应经济发展新常态，唯有立足供给侧结构性改革，主动实现自我革命，创造有效供给、高效供给，才能走出一条质量更高、效益更好、结构更优、优势充分释放的煤炭产销新路子，为自己赢得新的发展机遇。为此，枣矿集团着力在提高煤炭供给体系质量和效率上做文章、拓思路。在深度分析煤炭滞销、质量过剩、供需矛盾等问题的基础上，围绕供给侧与需求侧的有机结合，提出了“煤炭产销深度协同”战略，构建并实施了煤炭产销协同运营模式，取得了显著成效。

枣矿集团的煤炭产销协同是枣矿集团为了实现客户满意度最大化和企业效益最大化的目标，围绕煤炭产品的有效供给及客户需求，运用供应链管理、协同管理、客户关系管理等现代管理手段，将煤炭开采、洗选加工、销售及运输等环节进行有效整合，实现物流、信息流、资金流的同步运转，降低企业成本，为客户提供高质量、全方位煤炭产品和服务的管理活动和运营模式。其本质是以客户需求为中心，以销售为龙头，建立起一套跨职能部门、跨生产矿井的运作机制，高效率地将企业煤炭生产、销售、研发、服务等资源整合起来，快速调整企业资源配置，增强市场竞争力，推动企业实现高效可持续发展。

在煤炭产销协同具体实践中，枣矿集团坚持经营性生产与效益性营销相结合，科学把握采场与市场的结合点、产量与质量的平衡点，形成了“以产促销、以销带产、产销联动”的良好局面，提高了企业核心竞争力和经济效益。同时，通过有效实施煤炭产销协同，枣矿集团实现了从提供煤炭产品到提供一体化解决方案的商业模式的转型升级，提高了客户满意度和忠诚度，最大限度地满足了客户需求。

本书从当前影响我国煤炭企业煤炭产品有效供给的主要因素及枣矿集团深入推进煤炭产销协同的背景和必要性出发，分析研究了枣矿集团煤炭产销协同的基本原理、基本架构，详细阐述了枣矿集团煤炭产销协同的实践经验，以期为我国其他煤炭企业提供积极借鉴。

第一节　当前影响煤炭企业煤炭产品有效供给的主要因素

一、煤炭企业煤炭产品有效供给概述

1. 有效供给的内涵

供给是经济学中的重要概念，指在某一特定时期内，在每一价格水平上生产者愿意并且能够提供的一定数量的商品或劳务。在经济学分析中，供给的概念是极其抽象的，从供给过程看，供给是生产要素组合后的输出。

所谓有效供给是指与消费需求和消费能力相适应的供给，即产品的供需平衡。任何一种产品的市场均衡产量和价格都是由该产品的供给曲线和需求曲线的交点决定的。其需求曲线应与该产品消费方的边际效用曲线相一致，供给曲线应与该产品生产方的边际成本曲线相一致。这样，社会边际收益等于社会边际成本，帕累托最优得以实现。

有效供给的内容包括两个方面：一个是产品的品质与品种，即产品的使用价值方面；另一个是产品的价格，即产品的价值方面。任何一个生产者，如果你的产品品种、品质是优良的，那么你的生产供给就是有效的；同样，如果你的产品价格可以很低，那么你的产品的这种低价格也是一种有效供给。但现实情况常常要求这两方面必须结合在一起，从而构成具有现实意义的有效供给。这样，有效供给的实际意义就是：以最小的代价耗费供给使用价值上最好的产品。一种产品如果它的品种品质很好，但它的价格却非常昂贵，那么，前一方面的有效性就会被后一方面的无效性所抵消；同样，如果产品的价格很低但其品种品质也很差，前一方面的有效性也会被后一方面的无效性所抵消。因此，谈到有效供给，这两方面必须协调。

2. 煤炭企业煤炭产品有效供给

煤炭企业煤炭产品有效供给是指煤炭企业采用一定的技术手段和管理方式，通过需求分析、资源勘探与开采、煤炭洗选、配煤、运输、质量控制、计量控制等环节，调节和优化企业内部供给系统的各个制约因素，包括资源条件、运输条件、用户结构、信息沟通等，将煤炭产品及时送达客户方，满足用户对产品数量、质量和及时性的要求，使得企业的煤炭产品与用户需求相匹配的状态。

数量、质量和及时性是煤炭企业产品有效供给的基本要素。供给数量和质量均衡是对单个客户而言，及时地满足客户对煤炭产品数量和质量要求的状态。这里提到的质量和数量均衡，与煤炭产品的质量管理不同。煤炭产品的质量管理包括煤炭开采设计、开采、运输、地面选煤加工及销售全过程的质量管理。在井下，主要是除矸降灰，煤、水分离降低煤炭的外在水分，稳定原煤质量；而在井上，则要通过洗选加工，生产出满足不同用户要求的煤炭产品。质量管理是实现供给数量和质量均衡的前提，但并不一定能够实现供给数量和质量均衡。在不同的生产周期内，煤炭客户对不同质量的煤炭产品的数量需求存在差别，并且这种差别不能有效的预测；从煤炭质量管理技术来看，地下煤炭资源原生质量产生波动是不可避免的，在开采、筛拣、洗选、选配、装运等各个质量管理环节，会受到人为的、自然的等众多不可控因素的影响，煤炭企业很难在一定的时间内生产出完全满足客户质量和数量的煤炭产品；从及时性来看，煤炭从地下到用户也要经过众多环节和地点，流程长，参与部门多，协调难度大，很难保证煤炭产品能够及时送达客户方。

从系统论的角度来看，煤炭企业煤炭产品有效供给具有以下特点：

第一，煤炭企业煤炭产品有效供给是一种状态集合。从静态角度看，煤炭企业煤炭产品有效供给状态不是单一的，而是指煤炭企业通过一定的管理和技术手段使企业煤炭供给系统的各个变量协调起来实现产品供给目标的状态集合。

第二，煤炭企业煤炭产品有效供给是动态的。煤炭产品有效供给的动态性随着煤炭供给系统的各个因素的变化而不断变化，因素的变化会使供给系统偏离原来的均衡状态而无法回到原来状态，只能在新的状态下形成新的均衡。

第三，煤炭企业煤炭产品有效供给的影响因素是复杂的。当煤炭企业内部煤炭供给系统中的任何一个因素发生变化时，都会对整个系统的稳定性产生冲击，煤炭产品有效供给的均衡状态就会被打破。单一因素的变化呈现出复杂性、不确定性的特点，由许多复杂因素相互影响，通过反馈机制共同作用于煤炭企业的煤炭供给系统。

第四，煤炭企业煤炭产品有效供给的实现需要供给主体发挥能动性。煤炭企业的煤炭供给系统存在与外界环境自动相适应的一种自调节机制，当外界环境发生变化，比如突发事件导致客户需求变动或运力受阻、煤层赋存条件和煤质变化，需要供给主体即煤炭企业发挥自组织作用，调节决策参数并组织运行，使煤炭供给系统回归到均衡状态。

数量均衡、质量均衡和及时供给是煤炭企业煤炭产品有效供给的基本目标。三者之间有着紧密的联系，有时又是相互矛盾的。数量均衡和质量均衡是及时供给的前提，及时性应该是质量和数量基础上的及时性。及时性在市场供不应求时，企业不太关注，但是如果竞争激烈，及时性将会成为用户考虑的重要因素。不论在何种市场环境下，质量均衡都是第一位的。供不应求时，甚至数量均衡都难以实现；供过于求时，数量均衡和及时性成为重要指标。

从煤炭企业煤炭产品有效供给的基本过程来看（见图 1－1），煤炭企业要实现煤炭产品的有效供给，就必须在生产之前充分了解煤炭客户的需求（这里的“客户需求”所包含的主要内容如表1-1所示），适时、适量、优质地为客户提供煤炭产品，达到客户满意的状态，从而提高客户的满意度和忠诚度，为企业与客户之间的长期合作奠定基础。为此，煤炭企业需要通过协调内部煤炭供给系统各环节的运作，缩短各环节的反应时间，迅速地向用户提供产品；需要及时捕捉市场信息，根据用户需求变化调整产品结构，适应用户对产品的要求；需要通过分析用户需求、调整用户结构，使用户结构适合企业资源和运输特点。尤其是在当前煤炭供大于求的市场状态下，煤炭企业要严格按照或高于客户的需求标准，提供满足客户要求的煤炭产品和服务。

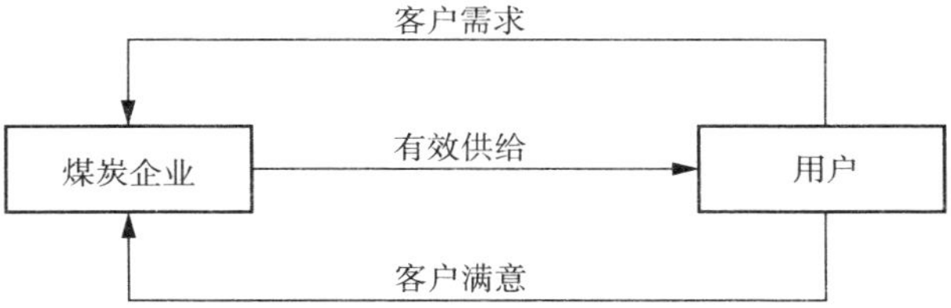

图1-1　煤炭企业煤炭产品有效供给的基本过程

表1-1　煤炭客户需求指标分解

总体指标	一级指标	二级指标
客户满意度	质量	灰分
		水分
		硫分
		发热量
		挥发分
		熔点
	数量	订货数量
		送达数量
	价格	出矿价
		到厂价
	时间	发货时间
		送达时间
	服务	服务态度和水平

二、当前煤炭企业煤炭产品有效供给的主要影响因素

在市场经济条件下，能否满足客户的需求是煤炭企业生存和发展的基础。谁能信守合同，按质、按量、按时地向煤炭用户供货，为用户的生产稳定提供基础保障，谁就能长期稳定客户，从而牢固地占领煤炭市场。而不同用户的需求存在差异性，原煤到用户所经的各环节又存在不确定性，这就增加了煤炭企业煤炭产品有效供给的难度。当前，影响我国煤炭企业煤炭产品有效供给的因素主要包括以下几个方面：

1. 煤炭用户需求特点的影响

计划经济时期，煤炭行业由国家统一安排生产计划、统一调配、统一销售，煤炭企业是通过国家与煤炭用户产生间接联系，不需要直接与煤炭用户打交道，不必过多地关注煤炭用户的需求特点。随着煤炭市场逐步放开，煤炭企业成为市场竞争的主体，需要直接面向煤炭用户，根据煤炭用户的需求提供相应品种、质量和数量的煤炭产品。当前，煤炭用户需求的特点包括：

第一，同一用户需求的多内容性。用户对煤炭的需求，除了对煤炭产品本身有具体品种、数量、质量和时间要求外，还有对煤炭企业服务水平和品牌的要求。随着煤炭市场竞争态势的变化和客户导向意识的增强，煤炭企业需要关注和满足煤炭用户多方面的需求。

第二，不同类型用户的需求存在差异性。煤炭用户有工业用户、行政事业单位用户和生活用户，其中电力、钢铁、建材和化工四个行业煤炭消费量占煤炭总消费量的90%左右。不同行业由于其产品特性、工艺条件、技术装备等不同，对煤炭的品种、质量和数量也有不同的需求。

第三，同一用户的需求具有同质性。对于同一煤炭用户而言，在生

产工艺、技术装备水平稳定的情况下，对煤炭品种、数量和质量的需求在一定时期内是稳定的。大部分客户对煤质考核不再以国家标准为基准，而是以企业自己制定的条例为标准，且对产品质量稳定性提出了更高要求，要求煤炭产品质量符合要求，还要有良好的售后服务。供货稳定性成为煤炭市场竞争的一项重要内容。谁能信守合同，按质、按量、按时地向煤炭用户供货，谁就能稳定客户，与客户形成长期合作关系，从而牢固地占领煤炭市场。

第四，同一用户的需求也会发生改变。一般而言，在一定时期内，同一煤炭用户需求存在稳定性。但是一旦改变工艺装备，对煤炭的需求将会发生很大变化。随着国家提出要建设资源节约型和环境友好型社会，像电力、钢铁、冶金、建材、化工等行业的煤炭用户将会需要更多的优质煤、洁净煤和环保煤，这对煤炭企业来说是一大挑战。针对煤炭用户需求特点和变化趋势，如何保证煤炭供给与用户需求相匹配是煤炭企业的重要课题。

2. 煤炭企业自身条件的制约

满足客户的需求是煤炭企业生产经营的出发点和归宿。对用户而言，煤炭供货稳定性极其重要。但煤炭企业自身内外部条件制约着其有效供给能力。

第一，资源储量有限，煤炭供给数量难以保证长期均衡。资源是企业生存和发展的基础，但对于开采生产不可再生资源的煤炭企业来说，其资源是耗竭型的，即越采越少。我国煤炭资源总量约为 5.9 万亿吨，探明煤炭保有资源总量 1 万亿吨，净有效量仅 1037 亿吨，只占探明储量的 10%。我国煤炭资源供给的基本态势是：总量丰富，但有效供给能力不足。对于煤炭企业而言，长期保证供货稳定性难度越来越大。

第二，地质赋存和开采技术条件制约。我国煤炭资源赋存条件比较差，地质构造复杂，埋藏深。其总量中半数在地下垂直深度 1000 米以下，同一工作面不同点的煤质有可能相差很大，有的还出现断层。石炭二叠纪煤田下部煤层受到底部岩溶水的威胁，许多煤炭资源无法开采，我国大于2%的高硫煤约占全国煤炭资源总量的20%，以后产出的煤炭质量和数量将越来越难以确保。我国目前煤炭开采条件仅居世界中下等水平，煤炭资源回采率低，即使是大中型矿井，其采出率也不高。有关统计数据显示，我国煤炭资源的平均采出率约为30%。地质赋存和开采技术条件影响到煤炭产量和质量的稳定性。

第三，安全因素的影响。对于煤炭企业而言，安全是头等大事。由于我国煤炭生产大多处在几百米甚至上千米的地下，开采环境及其复杂，瓦斯爆炸、透水、二氧化碳超标等安全隐患时有发生，如不注意就有可能酿成重大安全事故，发生停产、停工。煤炭企业要根据市场需求，在确保安全的前提下，充分发挥矿井的生产能力，组织好生产。

第四，煤炭供给流程特性的影响。煤炭产品从最终形成到客户使用，需要经过资源的勘探和获取、井下开采、运输提升、洗选加工、销售、运输配送、服务等若干环节。由于煤炭特有的原生性、大型散装、非标准化、易自燃等特点，使得多节点、长链接的煤炭供给流程管理难度加大，导致煤炭企业煤炭供给系统中产、供、销关系的协调复杂。

第五，煤炭营销管理存在问题的影响。目前，煤炭企业在煤炭营销管理方面还存在一些问题，主要表现在：一是对客户的管理，尤其是对大客户的管理不到位。不注重与大客户发展战略伙伴关系，使得企业的销售极不稳定。二是主动销售意识差。在传统模式下，煤炭生产出来以后，都是客户找煤炭企业，而煤炭企业很少进行市场分析与预测，没有认真制定销售策略，因此当煤炭销售不出去时，也很少去找市场，去发现客户，只有被动降价。三是没有充分考虑客户需求。传统煤炭销售把煤炭作为一种无差异的商品，因此很少考虑客户的需求差异，没有进行市场细分，所以也就发现不了客户。四是销售以后不做客户调查，售后信息反馈差。煤炭销售后，企业很少对客户的意见做跟踪调查，所以当失去客户时，也不知道原因，更不会克服质量问题、提高市场占有率。

第六，其他因素的影响。员工素质和技术水平的高低等因素对煤炭企业的煤炭产品有效供给有一定的影响。

3. 煤炭市场竞争日趋激烈的影响

改革开放初期，我国煤炭市场呈现典型的计划经济特色，国家行政主管部门对煤炭的采掘、仓储、加工、运输、购销进行统一计划调配，煤炭生产企业只需要按照国家行政主管部口的计划进行生产，生产过程与煤炭需求企业不产生任何的联系，煤炭需求企业的要求被忽视。随着改革开放的不断深入和市场经济的发展，我国的煤炭市场向半计划、半市场管理模式过渡，除保障电煤供应外，煤炭企业逐渐成为市场竞争的主体。2013 年后，以国家取消煤炭订货会和取消煤炭经营许可证为标志，我国的煤炭市场已经是完全的市场经济管理模式。目前我国煤炭市场竞争的主要态势有：

第一，煤炭生产企业之间的竞争更加激烈。改革开放后，在煤炭品种、运输半径、客户分布大致接近的情况下，煤炭生产企业的竞争表现为大型煤炭生产企业与中小型煤炭生产企业之间的竞争，同一地区的中小型煤炭生产企业的产量之和远远超过大型煤炭生产企业，煤炭销售价格往往是由中小型煤炭生产企业决定。近年来，我国对煤炭行业一直采取“调控总量、关井压产”和“国进民退”的策略，随着开采条件、产能规模条件、安全生产条件不达标煤矿的关停并转和煤炭资源的“国进民退”整合，煤炭储量和产能迅速向大型煤炭生产企业集中，大型煤炭生产企业的煤炭产量远远超过中小型煤炭生产企业，煤炭生产企业之间的竞争主要在大型煤炭企业之间展开。由于资金大、实力强、资源多、渠道广，大型煤炭企业在价格战方面并不保守。

第二，煤炭销售企业之间的竞争更加激烈。根据国家发改委的数据，2010 年底全国煤炭经营许可证数量约为 20 万张，即煤炭销售企业约 20 万家，由于 2013 年国家取消了煤炭经营许可证，目前无法获知煤炭销售企业的准确数量。由于每一家煤炭销售企业都有自己的采购渠道和销售对象，在煤炭价格持续下跌过程中煤炭销售企业之间的竞争更趋惨烈。

第三，能源替代性的竞争更加激烈。一方面，近年来，出于优化能源结构和环境保护的考虑，我国一直致力于提高非化石能源的比重，大力发展水电、核电、风电、太阳能发电，对煤炭能源构成了替代竞争。另一方面，随着经济的发展、科技的进步，煤炭用户不断实施工艺革新、技术进步、设备升级，打破了煤炭种类、品质的使用限制。例如，水泥行业旋转塞原先必须烧烟煤，现在可以烧无烟煤；化工行业煤制气用煤原先必须使用无烟块煤，现在可以使用烟煤。与此同时，煤炭加工企业的技术革新也打破了煤炭种类、品质的使用限制。例如，配煤技术的改进使得原先只能烧无烟煤的冶金行业现在也可以掺烧烟煤。

4. 国家宏观调控的影响

第一，煤炭产业政策的影响。近年来，国家针对煤炭行业的无序发展，实施“控制总量，关井压产”政策，大量不符合开采、安全条件的煤矿被关闭；控制小型煤炭企业的开采量，鼓励大型煤炭企业通过兼并、重组、参股等形式扩大规模，这影响到煤炭供给结构。另外，随着需求下降、产能过剩，我国开始在高耗煤行业推进去产能化，水泥、发电、钢铁、有色金属、建筑材料等行业的总体产能不断下降，大幅减少了煤炭的消耗量。

第二，环保政策的影响。针对煤炭资源的低效率、高污染，国家出台了一系列有关煤炭清洁高效利用的政策措施，不断提高有利于环境保护和环境改善的能耗标准、排放标准。要求提高煤炭资源的回采率和利用效率，减少高污染煤炭的开采；积极推进煤炭分级分质梯级利用，加大煤炭洗选比重，鼓励煤矸石等低热值煤和劣质煤就地清洁转化利用；推广使用洁净煤技术。这必然引起煤炭供给总量和供给结构的变化。

第三，煤矿安全生产政策的影响。近年来，我国煤矿安全总体形势虽日趋好转，百万吨死亡率不断下降，但重大、特大事故仍时有发生。针对这种形势，国家加大了煤炭安全生产管理和整治力度，要求煤炭企业把安全生产作为头等大事来抓，加大安全生产设备投入，确保安全生产。政府部门对煤炭企业开展安全生产检查，要求不具备安全生产条件的矿井进行停产整顿，在确保安全的条件下进行生产。

第四，其他政策的影响。国家的煤炭价格政策、进出口贸易政策、财税政策等也会影响到煤炭企业的煤炭供给。

综上所述，当前影响我国煤炭企业煤炭产品有效供给的因素主要包括煤炭用户需求特点的变化、煤炭企业自身条件的制约、煤炭市场化程度的提高和国家宏观调控政策的影响。

当前，我国的煤炭市场正在从传统的相对稳定型市场演变为动态多变型市场，并呈现出许多新的特点：一是对煤炭产品的品种规格、需求数量呈现多样化、个性化要求，而且这种多样化要求具有很高的不确定性；二是对煤炭产品的质量和可靠性的要求日益提高；三是对交货期的要求越来越高；四是客户更加关注性价比和产品的定制化，对产品和服务的期望越来越高；五是市场和竞争的全球化；六是技术创新越来越快，煤炭产品研发的难度日益加大；七是大规模定制已逐渐从制造业转向煤炭业。因此，在市场竞争日趋激烈、资源条件越发恶化、客户重要性日益提高的背景下，煤炭企业如何响应国家供给侧结构性改革，如何适应煤炭市场新的特点，按时、保质、保量地满足用户的需求，实现有效供给，已成为获得竞争优势、扭亏为盈的关键所在。

第二节　枣矿集团深入推进煤炭产销协同的背景及必要性

一、枣矿集团概况

1. 枣矿集团基本情况

枣矿集团源于1878年创办的中兴矿局。中兴矿局与当时的抚顺煤矿、开滦煤矿并称中国近代三大煤矿，是中国第一家民族工业股份制公司。1956年成立枣庄矿务局，1998年改制为枣庄矿业（集团）有限责任公司，2011年整合为山东能源集团有限公司（以下简称“山东能源集团”）权属企业。现有在册职工4.7万人，离退休职工4.4万人，职工家属近30万人。目前，枣矿集团已发展成为集煤炭生产加工、煤化工、热电联产、橡胶化工、物流贸易于一体，跨国界、跨地域、跨行业、跨所有制的大型企业。枣矿集团是中国重要的优质煤生产和出口基地，主要生产1/3焦煤、气煤、肥煤，品种有冶炼精煤、优质动力煤、水煤浆等，产品除出口外，重点销往国内冶金、焦化、电力、建材、化工等行业。

枣矿集团先后荣获“全国企业文化示范基地”“全国煤炭工业企业文化示范基地”“全国煤炭工业五精管理示范基地”“山东省安全生产先进单位”“山东省首届最佳企业公民”“山东省思想政治工作十佳企业”等一系列荣誉称号，被中宣部、国务院国资委命名为“全国典范企业”。

2. 枣矿集团近年来的科学发展情况

近年来，面对经济发展新常态、深化改革大趋势和企业改革发展实际，枣矿集团坚定科学发展战略，在持续巩固煤炭基础地位的同时，以非煤产业、物流贸易的发展带动企业整体转型升级。煤炭产业方面，本部现有生产矿井11对，核定产能2050万吨；外部开发涉足内蒙古、山西、陕西、河北、云南，现有生产矿井7对，核定产能840万吨；在山西、陕西两省分别托管1对生产矿井。非煤产业方面，坚持适度多元发展，煤焦化工板块目前达到年产焦炭300万吨、甲醇33万吨、加工处理粗苯16万吨的规模；与韩国OCI公司合作建设的20万吨炭黑项目一期生产线建成投产，年生产能力达12万吨；热电联产板块拥有覆盖矿区的独立电网，七座电厂装机容量为31万千瓦，在建和即将开工建设的发电机组达140万千瓦；橡胶化工板块已形成年产全钢胎300万条、半钢胎1000万条、输送带1000万平米的生产能力；物流贸易板块由服务矿区生产的物资供应，向供应链金融等领域快速拓展。2017年，企业实现营业收入1050亿元、利润65.31亿元，创历史最好水平，保持了持续向好的健康发展态势。

（1）强化战略引领，持续优化发展思路。以推动百年企业行稳致远为战略任务，科学研判企业所处的发展环境、发展基础和发展阶段，不浮躁、不懈怠、不折腾、不急功近利、不制造轰动效应，持续优化事关企业长远发展的思路和方向，形成了“稳中求进、稳中求新、稳中求突破”的主基调，明确了“实体经济作支撑、物流贸易促转型、资本运作创效益”的发展方向。在此基础上，突出目标导向、激励导向，围绕“当前与长远相统一、发展与效益相统一、企业与员工相统一、战略目标与具体举措相统一”的目标，推动建立持续发展型、效益效能型、规矩规范型、创新开放型、本质安全型、共创共享型“六位一体”管控考评体系，确立了建设“实优强富”新枣矿的总体目标，形成了“本部战略转产转型，对外战略转移”的一体两翼的发展布局，全面融入山东省新旧动能转换的总体布局。清晰的目标引领、务实的发展举措，确保企业始终沿着正确的方向健康有序发展。

（2）优化产业结构，不断提升发展质量。坚持“以煤为基、适度多元，稳内拓外、转型升级”的战略定位，持续加快企业转型发展步伐。

一是推动煤炭板块可持续发展。坚持内外协同，省内接管4对监狱煤矿，并与现有煤炭产品结构形成协同效应，为本部转移、人员安置提供时间掩护；省外理性调整开发节奏和布局，积极与中国信达资产管理股份有限公司合作，将企业的技术管理优势与资产公司的资本优势、地方煤企的资源优势有效嫁接；推动强强联合，与中国华电集团公司建立战略合作关系，推进在煤炭、电力、化工方面的深层次合作，进一步拓展发展空间。

二是推动煤焦化工板块高效发展。立足打造“百亿”产业集群，不断优化经营业务、区域市场，拉长产业链条，适时调整焦化产品产出比例，大力实施托管经营、整合重组，创效能力大幅提升。

三是推动橡胶化工板块高端发展。坚持规模效益并举，立足产品中高端，积极开展增品种、提品质、创品牌“三品”专项行动，现已拥有10余项国家级、省级知名品牌，70项国家技术专利，通过构建与经济实力相匹配的品牌实力，赢得了更大发展空间。

四是推动电力板块链式发展。田陈电厂2×35万千瓦项目获得山东省发改委正式核准，初步具备开工建设条件。通过新项目建设，力争在“十三五”期间使矿区电厂装机容量突破180万千瓦，逐步打造集发电、用电、售电于一体的城市综合服务商。

五是推动物贸金融板块规模化发展。以构建枣矿物产集团为契机，全面融入国家“一带一路”战略，紧密连接京、港、沪三大贸易平台，实施“贸工、贸金、贸投”一体化运作，继续保持强劲发展势头。

六是推动资本运作跨越发展。利用企业资产负债率低、融资空间大和社会信誉好等优势，推进供应链金融运作、新三板挂牌、资产证券化等工作。利用资本市场开展直接融资，在上海证券交易所发行了枣矿集团第一支资产证券化产品，6.65亿元融资全部到位；启动了25亿元市场化债转股项目，进一步拓宽了企业融资渠道，提高了企业融资能力。

（3）丰富管理内涵，释放企业内生动力。坚持管理强企不动摇，扎实练内功、挖内潜，强化价值链设计优化、流程再造，有效对冲外部市场压力，促进企业提质增效。

一是持续推进政策创效。抓住国家支持实体经济发展、不断出台各种利好政策的机遇，成立政策研究会，确立5大专业200余项创效课题，重点对补助金争取、保证金返还等政策进行深入研读，促进政策落地。

二是全面推进依法治企。以“法治枣矿”建设为抓手，开展了以全面清理四级及以下实体和挂靠公司、清理中间商、清理个人违规参股集资、清理非在册用工为主要内容的“四个全面清理”工作，净化了矿区经营环境，斩断了利益输送渠道，打造出了一张严管理的“名片”。

三是扎实推进降本增效。树立“降本跑赢降价”的理念，综合施策降成本。强化控员降本，突出“清理、整顿、规范”，建立控员提效长效机制。强化资产创效，开展闲置资产专项清查，不断加大拆解利用、修旧利废、内部调剂力度，切实将“死资产”变成“活资本”；规范招投标管理，进一步降低采购成本。

（4）坚持多措并举，巩固和谐发展局面。落实安全稳定主体责任不动摇，努力为职工谋好事、办实事、解难事。

一是持续夯实安全管理基础。坚持煤与非煤、井下与井上并重，按照“系统管理、主动预防、超前管控”的要求，推进安全监管经验相互借鉴、共同融合，逐步使隐患治理由生产现场向设计源头延伸、安全监管由施工作业向后勤交通延伸、薄弱人员排查由工作时间向家庭生活延伸。认真吸取全国各类事故教训，立足“查大系统、除大隐患、防大事故”，坚持“一矿一案、一企一策”，组成专家组对生产矿井、重点非煤企业进行系统诊断、剖析检查，强化重大危险源评价、灾害机理研究，建立风险防控、隐患治理、应急处置“事故预防三条防线”，扎实推进本质安全建设。

二是持续提升员工幸福指数。坚持工效挂钩，保证职工收入合理增长；积极完善民生保障体系，有序推进棚改工程；做实精准帮扶救助。

三是持续维护和谐稳定局面。开展“信访工作责任落实年”活动，突出源头预控，密切关注去产能、社会职能移交等过程中出现的苗头性问题，层层落实信访责任制，及时疏导化解矛盾，营造了矿区稳定发展的良好局面。

二、枣矿集团深入推进煤炭产销协同的背景

2012 年下半年以来，我国煤炭市场形势骤变，结束了“黄金十年”，并呈现明显持续恶化态势，供大于求的矛盾呈刚性常态，市场价格持续下降（环渤海 5500 大卡动力煤综合平均价格从 2011 年 11 月份的 853 元/吨跌至 2015 年 5 月 20 日的 414 元/吨，下滑了 51.47%），企业经营困难、效益持续下降、亏损面扩大，行业投资、用工增长乏力，整个煤炭产业处于“隆冬季”。导致这种状况的主要原因包括以下几个方面：一是受宏观形势等因素影响，煤炭需求由旺转淡。受全球经济持续低迷、国内经济增长阶段转换等因素影响，电力、钢铁、水泥、化肥等主要耗煤行业产量增速均开始放慢，对拉低煤炭需求起了主要作用。二是资源环境问题凸显，对煤炭需求形成一定制约。在资源环境约束趋紧、能源结构调整步伐加快的背景下，“煤炭消费总量控制”“煤炭减量替代”等政策措施的提出和落实，也对煤炭需求增长形成了一定制

约。三是产能过剩、进口增加，煤炭供给呈现宽松局面。产业景气时期蜂拥投资所形成的巨大产能，加之煤炭资源整合与煤矿兼并重组后大型现代化矿井的投产，使得国内煤炭企业进入产能集中释放期；政策调整、价格差异及结构性需求等原因，导致煤炭净进口连年递增，供需矛盾进一步加剧。

多年来，枣矿集团的煤炭主业以1#、2#、3#精煤为主要产品，在煤炭“黄金十年”，只要生产出来，都能及时外销。2012 年下半年以来，在全国煤炭行业形势日趋严峻的情况下，枣矿集团也面临着巨大压力。在企业内部，一是随着生产矿井开采年限的延长和开采深度的延伸，优质低硫资源越来越少，造成原煤、精煤硫分升高，大部分生产矿井低硫的 3 上煤储量较少，但市场对硫分的要求越来越高。对煤层的开采，既不能过度提高 3 上煤的开采比例，更要保住市场，使得协调沟通难度加大，库存积压。若为确保少数低硫电厂需求，优质煤当电煤卖，不利于矿井的长期稳定发展。二是在销售方面，市场开发困难，主要销售低灰、低硫的精煤品种，品种单一，生产与销售矛盾突出，严重影响了企业经济效益和矿井的正常生产。三是从企业生产和销售的工作现状来看，虽然各自形成了较好的系统性，但从相互衔接的部位分析，仍存在不协调性。生产矿井只注重生产，缺乏对市场、对用户需求的了解，难以发挥积极性和创造性；而销售部门只注重市场，关注矿井实际生产情况不够。二者不能有机地结合起来，导致销售不畅，效益不佳。

面对煤炭市场持续下行、企业效益低位运行的巨大压力，枣矿集团认识到，要想生存必须积极顺应国家供给侧结构性改革的要求，着力在供给侧和需求侧两端同时发力，坚持“采场服务市场、市场指导现场、现场立足采场”，打造“以产促销、以销带产、产销联动”的深度协同新模式，推动产品由单一化向多元化转变、企业由供应商向服务商转变；必须立足现有资源赋存条件，围绕客户需求去组织生产和销售，将

"生产—运营—销售"纳入市场轨道，以效益确定市场，以市场调整销售，以销售调整产量，以质量促进销售；必须以销售为龙头，以生产为核心，建立协同机制，正确处理二者的关系，实现以销售保生产、以生产促销售，使生产与销售协同发展，从而促进企业生产经营活动的正常进行，不断发展壮大。为实现"以产促销、以销带产、产销联动"，枣矿集团提出了"煤炭产销深度协同"战略。目的是围绕"效益当先，推进煤炭经营"理念，坚持经营性生产与效益性营销相结合，科学把握采场与市场的结合点、产量与质量的平衡点，积极构建采场、市场、现场有效对接机制，立足采场，对接市场，使生产与销售相互协作、相互支持，发挥协同效应，推动企业由供应商向服务商转变、由生产煤炭向经营煤炭转变，扩大有效供给，实现客户满意度最大化和企业效益最大化的目标。

三、枣矿集团深入推进煤炭产销协同的必要性

1. 深入推进煤炭产销协同，是枣矿集团践行供给侧结构性改革的现实选择

一个国家的经济发展，从根本上要靠供给侧推动。推进供给侧结构性改革，是党中央在全面分析国内经济阶段性特征的基础上，给出的调整经济结构、转变经济发展方式的治本良方。供给侧结构性改革的最终目的是满足需求，主攻方向是提高供给质量，根本途径是深化改革。枣矿集团深入推进煤炭产销协同，就是要通过积极践行供给侧结构性改革，着力解决市场产品供需错配问题，努力推动企业实现从"单一的煤炭生产商"向"煤炭产品综合服务提供商"的转变；就是要以客户需求为中心，从提高企业煤炭产品的供给质量出发，用改革的办法推进企业煤炭供给结构调整，矫正要素配置扭曲，扩大有效供给，提高煤炭供给结构对煤炭产品需求变化的适应性和灵活性，更好地满足社会对于

清洁生产和低碳消费的新需求，实现企业利益、客户利益、社会效益、环境效益的安全、协调、绿色、高效和持续发展。

2. 深入推进煤炭产销协同，是枣矿集团应对煤炭市场竞争形势的需要

产品因需求而生产，企业因市场而发展。随着全球经济一体化程度的不断加深，煤炭市场竞争日趋激烈，客户重要性日益提高。煤炭企业作为市场主体，如何增强煤炭供给的稳定性、均衡性，按时、保质、保量地满足客户需求，已成为获得竞争优势的关键所在。枣矿集团只有以满足市场和客户需求为出发点和落脚点，及时获取并运用好市场信息，正确把握和定位市场需求，不断优化调整煤炭产品结构、市场布局、营销思路和过程服务，有效整合内部资源和运营流程，使企业煤炭产销各个环节有机地融入市场运行体系，持续提高商业运营水平，不断满足客户目前和潜在的需求，巩固和扩大战略客户群，才能在激烈的市场竞争中获取效益，规避风险，求得持续健康发展。

3. 深入推进煤炭产销协同，是枣矿集团提升企业管理水平的需要

随着国民经济发展和行业转型，以及消费结构的不断升级，市场和用户对产品质量和服务质量提出了更高的要求。特别是煤炭行业，兼并重组步伐加快，竞争格局发生了很大变化，煤炭企业面临的竞争压力、成本压力，甚至是生存和发展压力都非常大。枣矿集团只有不断调整完善经营管理体制机制，创新产销模式和工作方式，使企业在更深的层次、更广的领域融入市场，才能适应不断变化的新形势，保持持久的竞争优势。枣矿集团深入推进煤炭产销协同，就是要通过建立一系列的制度和流程，对内部机构机制进行优化整合，逐步消除内部管理的边界和壁垒，增强协同效应，使煤炭产销各个环节紧紧围绕市场，提高综合管理效能，搭建起更加稳固的价值链条，以持续提升企业管理水平和管理绩效，更好地为市场和用户服务。

4. 深入推进煤炭产销协同，是枣矿集团提高运营效率和效益的需要

煤炭产销协同能够有效提高物流、资金流、信息流在企业生产运营中的传递和周转速度，缩短响应市场需求和提供客户服务的周期，最大限度地消除工作流程中的盲点，使每个单元能够及时发现问题、及时沟通研究、及时协同处理，实现煤炭产销各个环节的协调、有序、快速、高效。产销配套联动，快速反应，以最短的时间、最低的成本获取最大的效益。

5. 深入推进煤炭产销协同，是枣矿集团提高企业核心竞争力的需要

随着经济全球化的发展，如何提升企业的核心竞争力，在有限的空间中突显企业的市场竞争优势，已经成为当前我国煤炭企业自身持续发展的重要任务。通过深入推进煤炭产销协同，枣矿集团可以从企业内外部环境出发，在最短的时间内了解市场信息的变化，快速响应市场消费需求并提供给客户高品质的产品和服务；有利于推动企业实现从卖产品向卖服务、卖解决方案的转变，创新商业模式，不断增强企业核心竞争力，在市场竞争中保持有利地位。煤炭产销协同将成为枣矿集团提高企业核心竞争力的重要保障。

6. 深入推进煤炭产销协同，是枣矿集团加强企业文化建设的需要

企业文化是企业经营和发展的灵魂，是企业价值观体系的具体体现和企业行为的基本准则。现代企业文化建设的突出特点就是企业管理的精细化和满足客户需求。面对煤炭市场形势的日益严峻和客户需求的个性化，通过深入推进煤炭产销协同，枣矿集团可以在最大限度地满足客户需求的同时，将企业核心价值观分解落实到企业煤炭产销具体的目标和任务上，同时渗透到企业的业务流程、工作制度和一系列激励措施之中，使企业文化的凝聚力、感召力和创造力充分发挥，使企业文化真正成为企业的精神所在。

7. 深入推进煤炭产销协同，是枣矿集团实施企业新战略的必然要求

枣矿集团企业新战略的核心要义是：围绕“实体经济作支撑、物流贸易促转型、资本运作创效益”的发展方向，构建持续发展型、效益效能型、规矩规范型、创新开放型、本质安全型、共创共享型“六位一体”管控考评体系，建设“实优强富”新枣矿。只有深入推进煤炭产销协同，才能更好地贴近市场、贴近用户、把握商机，及时研发生产出符合市场需求、高附加值的产品，为用户创造更高的价值，提供超值服务；才能尽快把枣矿集团建设成工艺装备水平高、资源利用程度高、劳动者素质高，集信息化、工业化、生态化为一体，高度融合、高度和谐的一流煤炭强企。

第二章

枣矿集团煤炭产销协同的理论体系

第一节　枣矿集团煤炭产销协同的理论基础

缺乏理论基础的思想和观点难以获得进一步发展，因此探讨枣矿集团煤炭产销协同的理论基础，有利于更清晰地揭示枣矿集团煤炭产销协同的内涵，全方位地展现枣矿集团煤炭产销协同的理论精髓，深层次地剖析枣矿集团煤炭产销协同的结构框架。枣矿集团煤炭产销协同的理论基础主要包括供应链管理理论、协同管理理论和客户关系管理理论。

一、供应链管理理论

1. 供应链概述

供应链的概念产生于20世纪80年代末。是指围绕核心企业，通过对物流、信息流、资金流的控制，从采购原材料开始，制成中间产品以及最终产品，最后由销售网络把产品送到消费者手中的将供应商、制造商、分销商、零售商，直到最终用户连成一个整体的网链结构和模式。

它是一个范围更广的企业结构模式，它包含所有加盟的节点企业，从原材料的供应开始，经过链中不同企业的制造加工、组装、分销等过程直到最终用户。这个概念强调了供应链的战略伙伴关系，从形式上看，客户是在购买商品，但实质上客户是在购买能带来效益的价值。各种物料在供应链上移动，是一个不断采用高新技术增加其技术含量或附加值的增值过程。

用户是供应链中不可缺少的一部分。任何一条供应链的主要目的都是为了满足用户的需求，并在满足用户需求的过程中为企业创造利润。由此，供应链是产品或原材料从供应商到制造商到分销商再到零售商直至用户这一链条移动的过程。可以简单地归纳为如图 2－1 所示的模型。

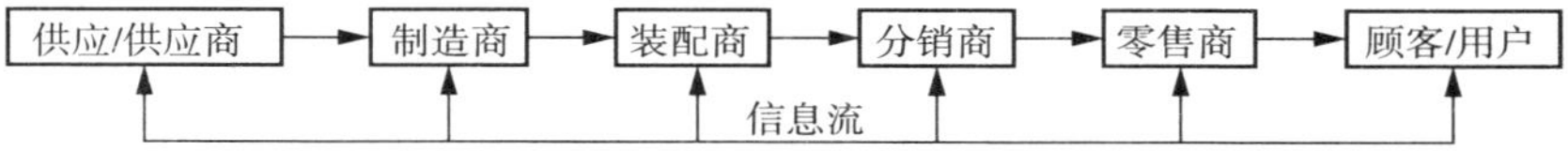

图 2－1　供应链的环节

供应链主要具有以下特征：①复杂性。因为供应链节点企业组成的跨度（层次）不同，供应链往往由多个、多类型的企业构成，所以供应链结构模式比一般单个企业的结构模式更为复杂。②动态性。供应链管理因企业战略和适应市场需求变化的需要，其中节点企业需要动态地更新，这就使得供应链具有明显的动态性。③面向用户需求性。供应链的形成、存在、重构，都是基于一定的市场需求而发生的，并且在供应链的运作过程中，用户的需求是拉动供应链中信息流、物流、资金流运作的驱动源。④交叉性。节点企业可以是这个供应链的成员，同时又是另一个供应链的成员，众多的供应链形成交叉结构，增加了协调管理的难度。

从供应链的涉及范围来看，供应链可以分为内部供应链和外部供应链。内部供应链是将采购原材料、生产、销售等活动，均作为企业内部操作看待，注重企业内部各部门的协调，来争取更满意的企业目标。外部供应链注重外部资源、注重与其他企业的联系，是更大的、更为系统的概念。

2. 供应链管理概述

供应链管理来源于彼得·德鲁克的“经济链”和迈克尔·波特的“价值链”思想。是指运用集成的管理思想和方法，以实现供应链整体效率为目标，在整个供应链系统，包括产品从原材料阶段一直到最终交付用户的过程，对与产品相关的商流、物流、信息流及资金流进行计划、协调、组织、执行和控制等的管理活动；是一种从供应商开始，经由制造商、分销商、零售商、直到最终用户的全要素、全过程的集成化管理模式。其目标是从整体的观点出发，寻求建立产、供、销企业以及用户间的战略合作伙伴关系，最大限度地减少内耗与浪费，实现供应链整体效率的最优化。

供应链管理涉及以下四个主要领域：供应、生产作业、物流、需求（见图2－2）。供应链管理是以同步化、集成化生产计划为指导，以各种技术为支持，尤其以 Internet/Intranet 为依托，围绕供应、生产作业、物流（主要指制造过程）、需求来实施的。在以上四个领域的基础上，可以将供应链管理细分为职能领域和辅助领域。职能领域主要包括产品工程、产品技术保证、采购、生产控制、库存控制、仓储管理、分销管理。辅助领域主要包括客户服务、制造、设计工程、会计核算、人力资源、市场营销。

供应链管理的主要内容可以归纳为以下四个方面：

第一，供应链网络结构设计（即供应链物理布局的设计），具体包括：供应链伙伴选择、物流系统设计。

第二，集成化供应链管理流程设计与重组，具体又分为：各节点企

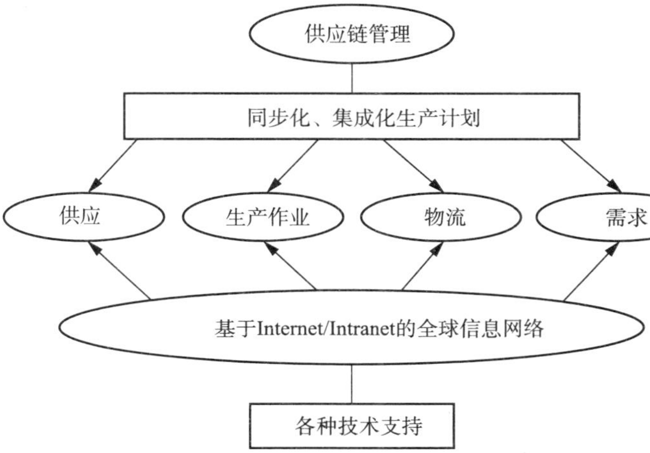

图2－2 供应链管理涉及的主要领域

业内部集成化供应链管理流程设计与重组，主要包括三大核心作业流程的设计与重组：一是客户需求管理流程，如：市场需求预测、营销计划管理、客户关系管理；二是客户订单完成管理流程，如：生产计划与生产作业管理、新产品研发计划管理、物料采购计划管理、质量管理、运输与配送计划与作业管理、资金管理；三是客户服务管理流程，如：产品售前、售中、售后管理，客户退货管理。

第三，外部集成化供应链管理流程设计与重组：供应链核心主导企业的客户订单完成管理流程与其原材料供应商、产品销售商、物流服务提供商（物流外包商）等合作伙伴管理流程之间的无缝对接。

第四，供应链交互信息管理：市场需求预测信息、库存信息、销售信息、新产品研发信息、销售计划与生产计划信息等的交互共享，以及供应链各节点企业间的协同预测、计划与补给的库存管理技术等。

3. 大型煤炭企业内部供应链管理

煤炭企业供应链包括外部供应链和内部供应链。外部供应链由辅助材料供应商、煤炭企业、物流运输部门和煤炭客户组成。内部供应链主要指煤炭企业内部采购、生产加工、销售等相关流程之间的供需关系形成的供应链。煤炭企业经过开采、洗选加工、配煤等内部供应链各环节，将产成品即商品煤大部分通过直销的形式销售给煤炭用户，而由外部的铁路、公路、水路等物流服务商提供煤炭物流服务。因此，对于煤炭企业供应链而言，其管理的难点和核心应该是内部供应链。

大型煤炭企业内部供应链是指规模以上煤炭企业由原煤开采、煤炭洗选加工、煤炭外购、配煤、煤炭销售、运输直至交付到最终客户等相关流程之间的供需关系所形成的具有网链结构的供应链。

大型煤炭企业内部供应链管理是大型煤炭企业在一定的内外部环境条件下，以满足用户需求为导向，集成原煤开采、煤炭洗选加工、煤炭外购、配煤、煤炭销售、运输直至交付到最终客户等运作活动，实现物流、信息流、资金流的同步运转，对用户的需求能作出迅速的反应的管理活动。也就是说，大型煤炭企业内部供应链是围绕着向客户供给煤炭产品而由大型煤炭企业构建的由多流程、多部门、多资源要素构成的供应链系统。其含义包括：

第一，大型煤炭企业内部供应链运作的起点和目的是煤炭企业根据客户对煤炭产品品种、质量、数量和时间等各方面的要求，组建由原煤开采、洗选加工、配煤、销售运输直至客户的多环节构成的煤炭供给系统，通过煤炭供给系统的有效运作，向客户提供其定制的产品和服务，满足客户需求。

第二，大型煤炭企业内部供应链是一类由多流程、多部门、多资源要素构成的系统，由多个子系统构成。其构成要素从流程角度看，涉及原煤开采、洗选加工、配煤、销售运输直至客户等多个环节，而每个环节又有多个作业点，构成多流程的网络供应链；从涉及部门看，横向看，该系统不仅由供应部门、生产部门、销售部门、运输部门参与运作，而且检验部门、技术部门、人力资源部门等也参与辅助运作。纵向看，该系统的运作需要集团公司、各生产矿井、区队、班组、员工从上到下全体参与；从供给系统构成资源要素看，需要人力、物力、财力、技术、管理等多种资源涉入。

第三，该系统是开放的供应链系统，其供给系统供应链运作受到内外部环境的影响。大型煤炭企业内部供应链根据外部下游客户的需求，在企业内部组织煤炭开采、洗选加工等，通过铁路部门等第三方物流服务商将煤炭运输给客户。既包括煤炭企业内部具有供求关系的各上下工序构成的内部供应链，又涉及运输物流服务商、客户与煤炭企业构成的外部供应链。该供给系统是开放的供应链系统，其供给系统供应链运作受到外部环境的影响。与煤炭产品或服务构成竞争关系的企业或联盟体（争夺同一市场的另一供应链），以及纯粹市场买卖方式发生业务交易关系的企业或机构，就构成了该供应链系统的外部直接环境。其他无直接关系的环境要素的集合，则构成外部间接环境。

伴随着煤炭行业外部环境的快速变化，煤炭企业之间的竞争日趋激烈，其竞争的核心越来越表现为供应链与供应链之间的竞争，谁的供应链能够快速满足变化的市场需求，谁就可以赢得市场优势。有关资料显示，开展供应链管理的煤炭企业经济效益十分显著。可使总成本下降10%，按时交货率提高15%，生产周期缩短25%～30%，生产效率提高10%以上，企业资产增长15%～20%。

枣矿集团的煤炭产销协同工作要求围绕煤炭产品的有效供给，通过对企业煤炭产销各环节的协同管理和信息共享，将煤炭开采、煤炭洗选加工、煤炭销售及运输有效整合、有机协同，减少生产、销售的不确定性，从而降低成本，提高效率和快速满足客户需求的能力，实现客户满意度最大化和企业效益最大化的目标。其内涵与煤炭企业内部供应链管理的内涵基本相同，运用好供应链管理相关理论，有助于枣矿集团更好地推进煤炭产销协同工作。

二、协同管理理论

1. 协同理论的主要内容

协同理论主要研究远离平衡态的开放系统在与外部环境存在物质能量交换的情况下，如何通过内部协同作用，形成时间、空间和功能上的有序结构。协同理论认为，尽管各子系统中的属性不同，但在整个大系统中，各个系统间存在着相互竞争而又相互合作的关系。协同理论的主要内容包括协同效应、伺服原理和自组织原理三个方面。

（1）协同效应。协同效应是指复杂开放系统中大量子系统相互作用而产生的整体效应或集体效应。在自然系统和社会系统中都存在着协同机理。同时，协同机理是系统有序结构形成的内在动力。在任何复杂系统中，当在外来能量的作用下或物质的聚集态达到某种临界值时，子系统之间就会产生协同作用，它能使系统在临界点发生质变产生协同效应，使系统从无序状态变为有序状态，并从混沌中产生某种稳定结构。一般将协同效应描述为“1 + 1 > 2”或整体价值大于单独各部分价值的总和，它是一个大于个体独立运作收益总和的收益、单纯依靠自身力量所无法实现的额外价值。这就是说通过协同作用可使各部分功能耦合成整体性功能，从而使整体价值增加。

（2）伺服原理。伺服原理是指系统中快变量服从慢变量，序参量支配子系统行为的理论。它从系统内部稳定因子和不稳定因子间的相互作用视角解释了系统的自组织过程。其实质在于规定了临界点上系统的简化原则，即系统在接近不稳定点或临界点时，系统的动力学和突现结构通常由少数几个集体变量即序参量决定，同时这些序参量支配或规定着系统其他变量的行为。

（3）自组织原理。自组织是相对于他组织而言的，他组织认为组织指令和组织能力来自系统外部，而自组织认为系统在没有外部指令的条件下，其内部子系统之间能够依照某种规则自发形成具有内在性和自生性特点的结构或功能。自组织原理描述了系统在一定的外部能量、信息和物质输入的条件下，系统会通过内部子系统之间的协同作用而形成新的有序功能结构。

2. 协同管理的含义

协同管理就是通过对系统中各个子系统进行时间、空间和功能结构的重组，产生一种兼具竞争、合作、协调的能力，其效应远远大于各个子系统功能之和。简言之，协同管理是把局部力量合理地排列组合，来完成某项工作和项目。

与传统管理相比，协同管理在基本思想、处理问题的方法以及考虑问题的视角上都有很大的不同。

第一，协同管理强调管理要素间协作与配合的思想。传统管理理论和思想是建立在高度的专业化分工和僵化的等级制组织基础之上，强调分工的重要性而对整体重视不足，如研发、生产、营销等活动的界限比较明显。而协同管理理论则重视系统协同的思想，如研发、生产、营销以及服务流程之间的协同，把企业的各项流程作业活动作为“价值链”来研究。

第二，协同管理理论把企业与环境协同起来，不仅关注企业的自身资源优势，并且还关注企业与环境的适应性。传统的管理理论重视企业所需资源或要素的占有或获取，认为企业只要拥有了资源优势，就可以在激烈的市场竞争中取得竞争优势，对企业与环境的互动关系重视不够。传统企业管理理论强调企业内部人、财、物、技术等各项资源和能力的合理配置与有效利用，研究范围更多地关注企业内部。而协同管理理论不仅重视企业内部资源和能力的优化配置与合理利用，而且重视企业外部资源和能力的充分利用，把企业的内外部资源和能力结合起来统筹考虑。

第三，协同管理理论认为组织的适应能力是有“自组织”的适应市场变化的能力。传统企业管理中的市场条件相对稳定、易于预测，传统企业管理理论认为组织的适应能力是一种无“自组织”的适应市场变化的能力，其组织特点是僵化的职能权限，有计划的学习。而协同管理中的市场条件是快速多变难以预测的，其组织特点是“自组织、自学习和自协调”。

3. 协同管理的特征

协同管理具有目的性、非线性、优化性、互动性、支配性和同步性等几个重要特征。

（1）目的性。协同管理追求的是“1＋1＞2”的协同效应，其主要目标是系统要素的优势互补。而实现协同效应则要求管理系统各要素按照一定的协同方式相互作用，发掘出决定管理系统发展的序参量，发挥出支配管理系统向有序方向发展的功效，从而达到系统的整体功能最优化。

（2）非线性。协同管理要实现协同效应，要求组织系统各要素之间要有较强的相互联系，通过各要素之间协同运作，进而发挥整体功能。组织系统各要素之间的相互联系和相互作用是复杂的，因此协同管理各要素间表现出丰富的层次性和交叉的因果性。

（3）优化性。协同管理对各种管理要素进行整合，并运用各种管理方法和手段促使组织系统内部各子系统和诸要素的目标一致和功能互补，最终实现管理系统的整体优化。

（4）互动性。协同管理效应的实现，需要各种管理要素相互配合、相互作用才能促使管理系统整体的发展。

（5）支配性。管理要素之间协同运作产生管理序参量，管理序参量支配整个系统的发展，要求其他管理要素参与到系统统一的整体行为目的之中，进而使系统走向一种新的序状态。

（6）同步性。协同管理的同步性强调协同过程中要素配合在时间、空间上是同步的，克服了子系统或要素之间的不协调，使系统形成协调一致的有机整体。时间上的同步性要求管理要素紧密衔接，遵循共同的时间参数；空间上的同步性要求管理要素之间协调配合，达到预期效果。

枣矿集团的煤炭产销系统由许多环节组成，这些环节既有整体的发展目标和功能，又有各自的目标和功能。受各自功能、运作方式、运行环境的影响，某个环节甚至多个环节出现偏差、出现与整体不协调是正常的。但是，如果不对这些偏差和不协调的地方进行调整，那将会影响企业煤炭产销系统整体的效率和效益，造成不必要的损失。这就要求通过协同管理使枣矿集团煤炭产销的各个环节更好地进行分工与合作，减少冲突和内耗，使各个环节进行的彼此协调和相互支持更加高效有序。

三、客户关系管理理论

1. 客户关系管理的含义

客户关系管理是指通过培养企业的最终客户、分销商和合作伙伴对企业及其产品更积极的偏爱或偏好，留住它们并以此提升业绩的一种营销策略。它的操作过程是：采用先进的数据库和其他信息技术来获取客户数据，分析客户行为偏好，积累和共享客户知识，有针对性地为客户提供产品或服务，发展和管理与客户的关系，培养客户长期的忠诚度，以实现客户价值最大化和企业收益最大化之间的平衡。客户关系管理是一种旨在改善企业与客户之间关系的新型管理机制，它实施于企业的市场营销、销售、服务与技术支持等与客户相关的领域。客户关系管理的目标一方面要通过提供更快速和周到的优质服务吸引和保持更多的客户，另一方面要通过信息共享和优化商业流程来有效地降低企业经营成本。为便于理解，可以将客户关系管理分解为以下三部分：

（1）客户：收集客户信息，探索客户需求，挖掘最有价值的客户。每一个企业在成长过程中，都有成百上千甚至更多的客户，但这些客户对企业的价值是不同的。客户的需求是什么、是否能够为企业创造价值、创造多大的价值是每一个企业都要思考的问题。因此，收集客户有关信息是客户关系管理的第一步。那么，企业收集客户哪些信息呢？归纳起来主要有：①基础资料，即客户最基本的原始资料。主要包括客户的名称、地址、电话、所有者、经营管理者、法人代表及他们个人的学历、能力、兴趣、爱好、性格、年龄、家庭、创业时间、业务、资产、与本企业交易时间、企业组织形式等。②客户特征。主要包括经营理念、经营方向、经营特点、经营政策、企业规模、服务区域、销售能力、发展潜力等。③业务状况。主要包括经营管理者和业务人员的素质、销售实绩、与其他竞争者的关系、与本企业的业务关系及合作态度等。④交易现状。主要包括客户的销售活动现状、保持的优势、存在的问题、未来的对策、企业的形象、声誉、交易条件、信用状况以及出现的信用问题等。同时，每一个企业都期望追求利益最大化，因此，面对客户庞杂的信息，企业的关键问题是分析和满足客户需求并在这个过程中挖掘最有价值的客户，创造更多利润。

（2）关系：与客户形成忠诚的、战略型的伙伴关系。商业交往中，关系的发展与形成是一个重要的过程。企业既有只做一次交易的客户，也有多次重复交易的客户；既有对企业非常满意的客户，也会有不满、进行投诉的客户。在面对这些客户时，企业如果能够加深对客户的了解和服务，全面提升客户满意度，就会与一些客户建立良好的合作关系，并最终形成战略型的伙伴关系，这也是企业发展的必然趋势。

（3）管理：实现客户价值和企业利润最大化的手段。管理是系统的概念，企业的发展离不开管理，客户的发展也离不开管理，因为管理才能规范化，管理才能出效益，管理才能实现客户价值，令企业实现利润最大化。所以，管理是实现客户价值和企业利润最大化的必要手段。

综上所述，客户关系管理就是挖掘最有价值的客户，与之形成全面满意的、忠诚的、战略的伙伴关系，从而实现企业利润的最大化。

在现代企业中，客户关系管理既是一种管理机制、一种理念，也是一套管理软件和技术，利用客户关系管理系统，企业能搜集、跟踪和分析每一位重要客户的信息，从而深入了解客户的实际需求，同时还能观察和分析客户行为对企业收益的影响，使企业与客户的关系及企业利润得到最优化。客户关系管理软件的基本功能包括客户信息管理、时间管理、销售管理、营销管理、客户服务等。近年来，客户关系管理又有了更长足的发展，加入了 CTI 技术，还包括了呼叫中心、合作伙伴关系管理、商业智能、知识管理、电子协同商务等。

2. 客户关系管理的目的

客户关系管理的目的就是为企业提供以下三方面的应用：

（1）挖掘关键客户。二八定律认为，20% 的客户为企业带来了 80% 的利润。企业应特别关注那些最能为企业创造利润的客户，把他们牢牢“锁定”。把所有的精力和努力平均分配给每一个客户，即“一碗水端平”的做法是不可取的，应将有限的精力有效地匹配到最能为企业带来利润的客户身上，从而取得事半功倍的效果。企业可以根据客户分析来找出关键客户，然后通过各种营销手段来提升其对企业的第一印象，从而提升其购买力，增加企业盈利。

（2）留住现有客户。一个企业用于留住一个老客户的费用比开发一个新客户的费用要低得多。要留住现有客户，首先要服务好现有客户，并通过对这些客户的优质服务进行客户资源扩展。其次是对全部客户资源进行智能化管理，在管理的过程中，实现客户价值的扩大和增值。只有逐步建立起稳定的、不断发展的、不断扩大的客户群，才能使企业切实提高产品和市场占有率，建立起稳定的销售渠道。而客户关系管理可以利用信息技术，将生产、营销、物流和客户服务等加以整合，以更精确、更快速的方式回应客户需求，提供量身定制的服务，提高客户的忠诚度。

（3）放弃回报低的客户。当企业在客户身上的投资得不到应有的回报时，就应该把这些客户列入放弃名单中，另外去开发新的客户。而放弃的数据必须从平时所做的客户关系管理数据库中找出。

简言之，客户关系管理的目的就是使企业可以更低成本、更高效率地满足客户的需求，从而让企业最大限度地提高客户满意度及忠诚度，挽回失去的客户，留住现有的客户，不断发展新的客户，发掘并牢牢把握住能给企业带来最大价值的客户群。

3. 客户关系管理的原则

企业在进行客户关系管理时，需要遵循一些原则，有助于帮助企业将客户关系管理的作用发挥至最大，这些原则主要包括客户关系的动态管理原则、突出重点原则、灵活运用原则和专人负责原则。

（1）动态管理原则。客户的情况无时无刻不在发生变化，而客户关系管理的重要作用之一就是为企业各部门提供全面、最新的信息以便各部门作出决策和行动。因此为保证信息的准确，企业的客户资料要不断加以调整，及时补充，对客户的变化进行跟踪，使客户管理保持动态性。

（2）突出重点原则。在进行客户关系管理时，企业要保证在各部门间共享的资料重点突出，做到最准确和最有效，从而帮助相关人员在最短的时间内做好客户分析，为选择客户、开拓市场提供更大帮助。

（3）灵活运用原则。收集和管理客户资料的目的是在企业经营过程中加以运用，所以企业在建立客户资料卡或数据库后，应以灵活的方式及时全面地提供给销售人员及其他有关人员，使他们能进行更详细的分析，提高客户管理的效率。

（4）专人负责原则。客户资料是企业最为珍贵的资产之一，其对企业的作用不言而喻，因此在客户关系管理过程中应确定具体的规定和办法，确保客户关系管理系统由专人负责和管理，严格控制客户情报资料的利用和借阅。

4. 客户关系管理的作用

客户关系管理一方面通过对业务流程的全面整合达到企业优化资源配置、降低运营成本的作用，另一方面通过改善产品和服务质量保持和吸引更多的客户，增加了市场占有率。客户关系管理的全方位作用主要体现在如下几点：

（1）提高企业客户管理能力。客户关系管理的对象是客户，主体是企业，创造稳定的客户关系是客户关系管理的出发点，也是重要目标。与客户建立稳定关系的前提是在众多客户中明确企业的目标客户、关键客户、一般客户和应淘汰的客户，以及这些客户不同的个性特征和需求偏好，如价格倾向、消费地点、消费方式等，这些都是影响客户关系的因素。通过客户关系管理，企业能够根据客户的行为变化在第一时间相时而动，牢牢处于客户关系管理的主动地位，稳定客户关系。

（2）整合企业内部资源。在企业内部，管理通常比较分散，很少有部门可以掌握客户的全貌，如销售部门掌握着客户基本状况和消费信息，财务部门掌握着资金信息，生产和物流部门则只知道根据订单或运输单进行生产和配送，各部门间沟通有限，客户资源和信息通常不会积极共享。客户关系管理的首要作用就是打破部门间的信息壁垒，整合原本属于各部门间分散的客户信息，将它们通过客户关系管理系统整合至同一个信息中心，这个中心能够为一线员工和客服人员提供业务指导、技术支持和信息保证，为各部门提供全面的共享信息，协调部门行为，使企业各部门真正成为一个整体，实现了内部整合和资源优化配置。

（3）实现企业长远发展。从表面上看，客户关系管理主要能够使企业与客户维持良好的关系，从而使企业扩大销售、获得更多的利润。但从深层次来看，客户关系管理所起的作用绝不仅仅是帮助企业多发展几个新客户、多留住一些老客户这么单一，其独特之处在于通过实现前端的供应商管理和后端的客户服务，使企业与其上游供应商和下游客户之间能够形成多方的良性互动，在维护和发展客户的同时，与业务伙伴和供应商建立良好的合作关系，最大程度地挖掘和协调企业资源，拓展企业的生存空间，提升核心竞争力，从而帮助企业实现长远发展。

客户关系管理在枣矿集团煤炭产销协同工作中具有重要的应用价值。如可以通过客户知识获取、客户细分、客户结构调整等手段使枣矿集团的资源条件与客户需求相匹配，提升企业的有效供给能力，实现客户满意度最大化和企业效益最大化之间的平衡。客户细分是客户关系管理的重要思想。受制于资源条件、运输条件及销售半径，枣矿集团不可能满足所有的客户需求，很难让所有的用户都满意。如何合理地规划煤炭产品客户，识别出关键客户，并优先对他们实现供给，是枣矿集团煤炭产销协同的重要工作。

第二节　枣矿集团煤炭产销协同的理论分析

为从根本上把握煤炭产销协同的思想精髓和实践方向，枣矿集团运用上述先进的管理理论，结合企业实际，在不断深化实践和总结经验的基础上，对煤炭产销协同进行了理论分析。具体包括煤炭产销协同的原则、内涵、性质、特征、功能、运作保障和意义七个方面的内容。

一、枣矿集团煤炭产销协同应遵循的原则

枣矿集团的煤炭产销协同是内外部有机结合、各层级协同联动的综

合体系。为了保证这个综合体系的实施效率，需要遵循以下原则：

1. 多目标性原则

枣矿集团煤炭产销协同的目标不仅仅是企业效益最大化，而是围绕积极践行供给侧结构性改革、扩大有效供给，通过对企业内部煤炭开采、加工、配煤、销售、库存、运输、客户服务等各个环节以及有关煤炭品种、数量、质量、时间等的优化设计和实施，增强供给结构对煤炭产品需求变化的适应性和灵活性，满足客户的个性化需求，与客户共创价值，实现客户满意度最大化和企业效益最大化。

2. 集成性原则

为使煤炭产销协同达到预期效果，枣矿集团应将企业煤炭产销系统作为一个整体，注重内部协调和优势互补。要做好煤炭产销全过程的计划协调管理，要做到包括勘探、开采设计、原煤开采、洗选加工、配煤、销售、库存、运输、客户服务等环节的集成优化管理。

3. 客户导向性原则

在市场经济条件下，能否满足客户的需求是煤炭企业生存和发展的基础。枣矿集团实施煤炭产销协同，要以客户需求为导向，认真分析客户的需求情况，确定商品煤数量和质量对客户满意度的影响，确定企业不同客户的重要度，确定不同煤种对各客户的重要度。客户需求情况发生变化，则煤炭产销协同决策也要随之变化。

4. 动态性原则

煤炭产品需求的季节性波动特征，决定了煤炭产销协同不能割裂各时间阶段的联系，应综合考虑各时间阶段的市场和客户需求，制定各时间阶段的生产、库存和销售决策。

5. 创新性原则

在煤炭产销协同具体运作中，要敢于打破各种陈旧的思维框框，用新的角度、新的视野审视原有的管理模式和体系，进行大胆的创新。创新要在企业总体目标和战略的指导下进行，并与战略目标保持一致；要从市场和客户需求的角度出发，综合运用企业的能力和优势；要充分发挥企业各类人员的积极性和创造性，集思广益。

总之，枣矿集团深入推进煤炭产销协同，要在多目标性原则、集成性原则、客户导向性原则、动态性原则和创新性原则的指导下，以扩大有效供给、实现客户满意度最大化和企业效益最大化为目标，以客户对煤炭产品的真实需求为导向，整合煤炭开采、煤炭洗选加工、煤炭销售及运输等环节，将煤炭生产、销售过程中有关的人、技术、经营管理三要素有机的集成并优化运行，通过对煤炭生产、销售过程中的物流、信息流和资金流进行有效的控制和协调，达到煤炭产销全局动态最优的目标，以适应新的竞争环境下市场和客户对煤炭生产和销售提出的高质量、高柔性和低成本的要求。

二、枣矿集团煤炭产销协同的内涵

在任何一个企业，不管是制造业、采掘业，还是服务业，产销协同都是核心业务，是企业日常经营活动中每天都在进行的，准确地说，是每时每刻都在进行的最重要的业务活动。产销协同，顾名思义，就是生产与销售协同。通过建立准确的市场需求预测机制，指导生产，发挥生产的规模效益，降低生产成本；同时提高产品质量，使销售与生产相互依赖、相互促进，实现销售引导生产、生产服务于销售的良性循环。本质上，产销协同是企业高效分配资源以获得市场相对竞争优势的运营活动，是企业战略落地的根本保障活动。

枣矿集团的煤炭产销协同是枣矿集团为了实现客户满意度最大化和企业效益最大化的目标，围绕煤炭产品的有效供给及客户需求，运用供应链管理、协同管理、客户关系管理等现代管理手段，将煤炭开采、洗选加工、销售及运输等环节进行有效整合，实现物流、信息流、资金流的同步运转，降低企业成本，为客户提供高质量、全方位煤炭产品和服务的管理活动和运营模式。其具体涵义包括：

第一，扩大有效供给，实现客户满意。枣矿集团的煤炭产销协同是枣矿集团根据客户对煤炭品种、数量和质量等的需求，协调组织各种资源，进行原煤开采、洗选加工、销售及运输活动，确保企业生产、销售的稳定性，把合适的煤炭产品，以合适的数量，在合适的时间送到合适的地点，按质、按量、按时地向煤炭客户供货，为客户的生产稳定提供基础保障，提高客户满意度和忠诚度。

第二，以客户需求为导向，协同一体化。枣矿集团煤炭产销系统中的原煤开采、洗选加工、销售及运输等煤炭生产与销售的各个环节以煤炭客户需求为导向，有机地衔接起来，快速响应市场的变化，动态地共享信息，紧密协作，向着共同的目标发展，达到对整个煤炭产销系统中的信息流、物流、资金流的有效规划和控制，最终目的是为了扩大有效供给，通过与客户共创价值实现共赢。

生产和销售是企业经营运作的具体体现，也是企业创造价值的重要过程。传统的煤炭企业经营运作，产销是彼此独立的过程，相互之间缺乏有效的信息沟通和协同，煤炭生产被视为企业经营的中心环节，而销售则处于从属地位，致使企业与市场越来越远。枣矿集团深入推进煤炭产销协同，就是要让煤炭生产的源头和市场销售的龙头有机地结合起来，根据市场和用户的需求，从生产源头优化煤炭产品供给结构，实现产销一体化，从而拓展企业发展空间，增强企业核心竞争力；就是要打破煤炭产销各个环节之间的界限，建立扁平化的无边界组织，将煤炭产销各环节、各工序的工作有机地融为一体，共同面向市场、面向用户、服从效益。通过建立一系列的保障措施，实现生产与销售的联动协同，有效配置各类资源，充分挖掘各类生产要素的潜力，提高对市场变化的反应能力，以最短的时间、最低的成本，生产出用户满意的产品。

枣矿集团煤炭产销协同的本质是以客户需求为中心，以销售为龙头，建立起一套跨职能部门、跨生产矿井的运作机制，高效率地将企业煤炭生产、销售、研发、服务等资源整合起来，快速调整企业资源配置，增强市场竞争力，推动企业优质高效发展。“以客户需求为中心”不仅是销售部门围绕用户的推销，更重要的是围绕产品服务用户的过程，从企业的战略、规划、研发、生产、营销全方位地为用户服务。因此，枣矿集团深入推进煤炭产销协同的主要目的就是有效整合企业内部各种资源，形成合力，克服企业各职能部门、各生产矿井各自为政、分散服务的缺陷，提高为用户服务的质量，扩大有效供给，实现客户满意度最大化和企业效益最大化的目标。生产和销售是企业内部的主要业务力量，二者的循环也是企业内部的主业务流程，这二者如何有效整合、恰当配合、服务用户是企业内十分关键的问题。深入推进煤炭产销协同达到的整合效果是：二者目标一致、信息共享、衔接恰当、共担责任，并在实施中兑现承诺。从这个意义上说，枣矿集团深入推进煤炭产销协同，是对企业原有体制专业分工缺陷的弥补，是对企业原有业务流程的一种再造。

三、枣矿集团煤炭产销协同的性质

1. 煤炭产销协同是基于分工专业化的系统集成活动

枣矿集团的煤炭产销协同是一个大系统，集团公司（主要包括生产、地测、煤质、销售、财务等部门）、生产矿井（主要包括原煤开采、洗选加工、销售及运输等环节）在这个大系统中发挥着不同的作用，各个部门、各个环节优势互补、有效协同，共同实现煤炭产销协同功能的专业化分工。集团公司着眼于创造一种协同的机制和环境，将企业所有的煤炭产销资源加以集成、有机地协调起来，是从战略层次和整体的角度把握最终用户的需求；生产矿井专注于原煤开采、洗选加工、销售及运输等核心业务，使生产经营更加专业化。最终通过煤炭产销各个部门、各个环节之间的有效协同，获得成本、时间、效率、柔性等方面的最佳效果，形成标准化的煤炭产品和服务，满足客户对匹配性、一致性、可靠性、经济性的真实需求，实现有效供给。因此，枣矿集团的煤炭产销协同是基于分工专业化的系统集成活动。

2. 煤炭产销协同的基本出发点是为客户提供一体化解决方案

在传统模式下，煤炭企业尽管也强调以客户为中心，但大部分仅仅停留在感情投资层面，而没有意识到煤炭客户真正的需求是什么，更没有意识到每一个客户需求的差异性，"开采什么卖什么，有什么买什么"被习以为常。其实，煤炭客户的真实需求不仅对煤质要求非常严格，对相关服务同样如此。枣矿集团实施煤炭产销协同，提供给客户的是个性化的解决方案（当收到客户的需求信息后，枣矿集团要为客户设计出满足其需求的最佳路径，形成一套定制化的综合解决方案）。首先，方案除了商品煤外，还包括物流、信息流、资金流等服务，因此，是产品与服务的集成。其次，方案是根据煤炭用户的需求制订的，对每套方案而言，不论是商品煤指标、配比方式，还是物流、信息流、资金流服务内容都不尽相同，完全体现了客户需求个性化的特征。因此，发现煤炭客户的真实需求，为其提供包括标准化产品和专业化服务在内的一体化解决方案是枣矿集团煤炭产销协同的基本出发点。

3. 煤炭产销协同的主要任务是整合原煤开采、洗选加工、销售及运输活动

煤炭企业的内部活动主要有原煤开采、洗选加工、销售及运输，各个环节具有先后顺序，相依相存。原煤开采环节生产出原煤，将原煤送往选煤厂，选煤厂输出洗选完成的商品煤，送往销售环节进行销售（一部分原煤直接销售），最终通过运输环节把煤炭产品运送到客户。

枣矿集团实施煤炭产销协同，就是要将各个环节的资源与活动进行整合，实现各环节的无缝对接，让它们紧密、高效的运作，从而节约时间、消除浪费和提高效益。因此，枣矿集团煤炭产销协同的主要任务是整合原煤开采、洗选加工、销售及运输活动。

4. 煤炭产销协同的宗旨是以客户真实需求为导向与客户共创价值、实现共赢

枣矿集团实施煤炭产销协同必须满足煤炭客户的真实需求，这一点毋庸置疑。客户需求是煤炭产销协同的驱动因素，是煤炭产销协同的拉动力，煤炭产销协同就是围绕客户需求进行资源和活动的整合。满足真实需求即指履行 6R 原则，即将煤炭客户所需的正确的产品（Right production）在正确的时间（Right moment），按正确的数量（Right quantity）和正确的质量（Right quality），以正确的状态（Right status）送到正确的地点（Right place）。

枣矿集团的“煤炭产销深度协同”战略是基于响应国家供给侧结构性改革而提出的，其最终目的不仅是企业效益最大化，而且是围绕为煤炭客户提供有价值的产品或服务，将从原煤开采直至产品或服务送抵最终客户手中有关的各方面力量集结在一起进行业务运作，通过向客户的有效供给，满足客户的真实需求，实现与所有客户共创价值、互利共赢。

5. 煤炭产销协同实现了从提供产品向提供服务的转化

服务是指为他人做事，并使他人从中受益的一种有偿或无偿的活动。与实体产品不同，服务具有无形性、异质性、不可存储性、服务所有权的不可让渡性等特点。

在传统模式下，煤炭企业向煤炭客户提供的是煤炭产品，其中，煤种、物流、信息流、资金流等相关资源分散于不同的主体，呈割裂状态存在。而在产销协同模式下，枣矿集团把分散的资源和相关活动集成起

来，把煤炭产销各个环节高效地链接起来，为客户制订和组织实施个性化解决方案，保持了煤炭产品供给的完整性和连续性。因此，枣矿集团的煤炭产销协同实现了从提供产品向提供服务的转化。

四、枣矿集团煤炭产销协同的特征

枣矿集团的煤炭产销协同是跨越多个职能部门、多个矿井活动的有序集合；是在向最终客户提供某种煤炭产品或服务的过程中，由拥有独特能力的多个职能部门、多个生产矿井，通过一系列相互联系的流程而形成的某种虚拟化的整体。其主要具有整体性、多点多级性、开放性、动态性、面向客户需求性和运作不确定性等特征。

1. 整体性

枣矿集团的煤炭产销协同系统是一个由多流程、多部门、多资源要素构成的大系统，由多个部门、环节构成，每一个环节又包含着若干个工序。每一个环节、工序位于煤炭产销协同的不同节点处，由于专业化分工的不同，各个环节、工序具有不同的特性、发挥着不同的职责，相互之间以不同的方式相衔接，构成了一个紧密合作、相互依存的统一整体。缺少了其中任何一个部门、环节、工序，都会影响整个系统的运作。只有节点完整、协同合作，整个系统才能高效运转。

2. 多点多级性

枣矿集团煤炭产销协同系统的结构呈现多点多级性。其构成要素从流程角度看，由原煤开采、洗选加工、配煤、销售运输直至客户等多个环节构成，而且同类环节通常不只是一个，而每个环节内部又包含众多部门、作业点。例如，枣矿集团有多个生产矿井，每个生产矿井都有完整的生产技术、经营管理、安全监察、后勤等部门配合协作相应的区队、班组实施煤炭井下开采、运输提升、通风、机电、排水、洗选加工、仓储等作业。从涉及部门看，横向上，该系统不仅由生产部门、销售部门、运输部门主导运作，而且检验部门、技术部门、人力资源部门等也参与辅助运作。纵向上，该系统运作需要集团公司、生产矿井、区队、班组、员工从上到下全体参与。

3. 开放性

枣矿集团的煤炭产销协同系统与外部环境之间、系统内部的各个部门以及环节之间是完全融合的。各个部门、环节需要不断地输入其他部门、环节的信息以及外部环境信息才能有效运作。在不影响整体运作的前提下，各个部门、环节可以进行不同程度的扩展，协同处理煤炭产销相关业务。

4. 动态性

首先，枣矿集团的煤炭产销协同本身就是外界环境不断变化的产物，是市场不断变化的产物，是满足煤炭用户个性化需求的产物，其随着环境的变化也会改变自己的组成实体、运行模式以及相关产品。其次，枣矿集团煤炭产销协同中的各个部门、各个环节是通过物流、信息流和资金流而联结起来的，其中某一部门、环节在业务方面的稍微调整都会引起煤炭产销协同整体结构的变动，使其具有动态性。此外，从客户需求来看，煤炭客户在不同的生产周期内对煤炭产品的品种、质量和数量要求不尽相同，存在着很大的差别，煤炭产销协同系统中的各个部门、各个环节会根据客户需求的变化，如煤炭质量要求、煤炭数量、服务标准等，相应迅速做出改进产品质量、提高服务水平、进行需求分析和开配采、选配煤等反应，以便改进和调整企业运作行为，适应于“客户需求”的要求，体现出明显的动态性。

5. 面向客户需求性

枣矿集团的煤炭产销协同是根据客户对煤炭产品品种、质量、数量和时间等各方面的要求，通过企业内部煤炭产销各个部门、各个环节之间的有效协同，向客户提供其定制的煤炭产品和服务，满足客户的真实需求。客户的需求拉动是枣矿集团煤炭产销协同中物流、信息流、资金流运作的驱动源。

6. 运作不确定性

枣矿集团的煤炭产销协同系统是一个开放的、动态的、多级的、与环境密切相连的系统，影响因素多且模糊，所面临的内外部环境，如煤炭开采环境、客户需求信息等具有动态特征，从而造成开采、加工、需求、供给过程的多变性和不确定性（见图2－3）。在煤炭产销协同具体运作中，应尽量减少这些不确定因素对企业造成的影响，让企业在这些不确定性存在的情况下最大限度地提高利润、满足用户，实现有效供给。

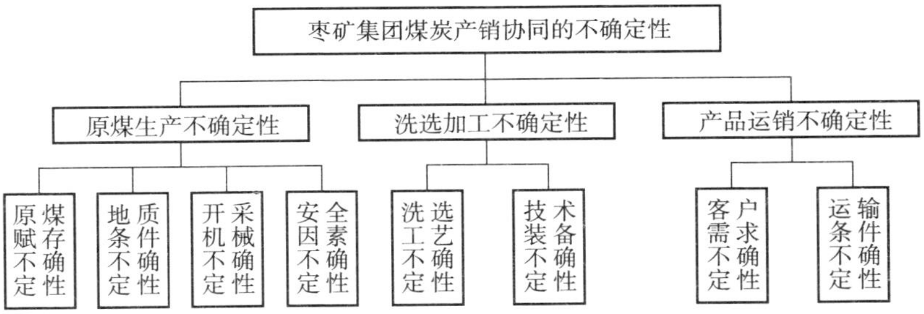

图2－3　枣矿集团煤炭产销协同不确定性的构成

五、枣矿集团煤炭产销协同应具有的功能

1. 资源优化配置功能

煤炭产销协同是在资源共享基础上实现“1＋1＞2”的目标，要实现这一目标就必须在煤炭产销协同系统的各个环节中实现资源优化配置，科学、合理、充分、有效地利用资源，达到投入最小、产出最大、

效率最高的目标。因此，煤炭产销协同应具有资源优化配置功能。

2. 整合功能

枣矿集团煤炭产销系统的各个环节既有利益一致的地方，也有利益不一致的地方；有资源共用性，也有资源专用性；有统一目标，也有各自目标。要使资源得到充分有效的利用，就需要对各个环节进行整合。因此，煤炭产销协同应具有整合功能，使各个环节的目标与系统的整体目标协同一致，确保煤炭产销协同正常运转。

3. 协调功能

受各自功能、运作方式、运行环境等因素的影响，煤炭产销系统中某个环节甚至多个环节会出现偏差、出现与整体不协调的现象。因此，煤炭产销协同应具有协调功能，利用这一功能来调整偏差，调整不协调的地方，协调处理好各种关系，尽可能地使各个环节步调一致，确保煤炭产销协同顺畅运行。

4. 控制功能

煤炭产销协同应具有控制功能。通过控制功能，能够起到发现问题及时采取措施的作用，确保煤炭产销协同沿着正确的方向发展，在确保阶段性目标实现的同时，保证长期目标的实现。

5. 创新功能

煤炭产销协同的动因是市场和客户需求，能否取得应有的效果，关键是产品能否满足市场和客户需求。要做到这一点，创新是关键。因此，煤炭产销协同应具有创新功能，要通过科技创新、组织创新、制度创新、管理创新、经营理念创新，不断推动煤炭产销协同向好的方向发展。

6. 激励约束功能

没有激励的管理，企业就会缺乏动力，变成一潭没有波澜的死水；

没有约束的管理，企业就会变成决堤的河流。枣矿集团实施煤炭产销协同，需要制定相应的规章制度；为了使规章制度起到应有的约束作用，还需要调动方方面面的积极性，建立有效的激励机制。因此，煤炭产销协同应具有激励约束功能。

六、枣矿集团煤炭产销协同的运作保障

枣矿集团煤炭产销协同的具体运作要由三个层面的协同作为基本保障（见图2－4）。通过信息技术实现煤炭产销协同各部门、各环节之间信息的集成，实现运营数据、市场数据等信息的实时、准确、高效共享和交流，即信息层面的协同（信息协同）；以满足最终客户需求为核心进行流程重组，即流程层面的协同（流程协同）；明确煤炭产销协同各部门、各环节的分工和责任，即组织层面的协同（组织协同）。只有这三个层面实现基础性协同，才能保证煤炭产销协同各个环节的协同运转。

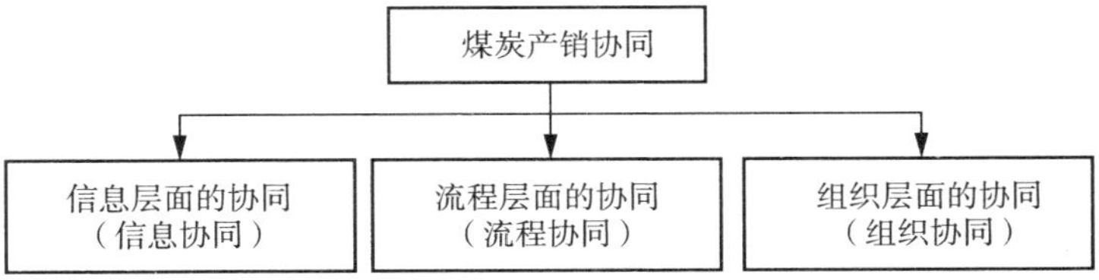

图2－4 煤炭产销协同层面

1. 信息协同

信息协同是枣矿集团煤炭产销协同成功与否的关键因素之一，是实现流程协同和组织协同的基础。枣矿集团煤炭产销协同的各个部门、各个环节之间既分工又合作、既独立又融合，以保证整个系统的运行达到最佳状态，这种分工与合作、独立与融合是基于煤炭产销协同各个部门、各个环节之间的信息互动和共享。信息共享的准确、及时、到位是

煤炭产销协同业务活动顺利进行的必要条件，否则各个部门、各个环节就会成为彼此孤立的、残缺的片断。因此，枣矿集团煤炭产销协同的各个部门、各个环节只有实现了高质量的信息传递和共享，才能使煤炭产销协同系统成为真正意义上的为客户需求所驱动的系统，保证客户需求信息在传递过程中不失真；才能提高系统整体绩效，促进企业与客户建立长期稳定的战略伙伴关系。

2. 流程协同

流程协同以信息协同为基础，是组织协同的主要体现形式。流程协同既可帮助枣矿集团实现企业煤炭产销不同部门、环节之间的业务协作和计划协调，也可帮助枣矿集团实现与客户之间的业务协作和计划协调。流程协同需要枣矿集团按照整体运作的方式，在企业内部打破部门职责界限，围绕满足客户个性化需求这一核心，进行跨部门的业务流程整合重组，实现企业煤炭产销各个环节的无缝对接，使得各个环节之间的业务对接更加紧密、流程更加通畅、资源利用更加有效，以便快速响应客户的需求和市场机遇，更好地实现客户满意度最大化和企业效益最大化的目标。

3. 组织协同

组织协同以信息协同为基础，以流程协同为手段，在煤炭产销协同系统中起基础保障作用。它主要从煤炭产销协同的整体出发，保证各部门、各环节行动和目标一致，减少内耗。组织协同具体体现为：煤炭产销协同各部门、各环节基于煤炭产销协同流程进行合作与整合，在企业组织机构内的部门层面进行更加明确的分工和责任的重新划分，并将责任关联的部门进行合并、剥离与整合。组织协同一方面可提高枣矿集团煤炭产销协同各部门、各环节的协同运作能力及整个系统的响应速度，更好地满足客户的需求；另一方面，有利于在煤炭产销协同的部门、环节间建立起一种运作更加专业且节省成本的双赢业务模式，实现企业效益的最大化。为此，枣矿集团应遵循“高内聚低耦合”原则将煤炭产销协同的职责体系进行合理的分解与系统化的整合，并将构建好的职责体系部署给相应的职能部门和生产矿井负责管理与实施。

七、枣矿集团煤炭产销协同的意义

在传统模式下，煤炭企业煤炭产销系统的各个部门、各个环节各自独立运转，都有各自的目标，很少考虑自身的决策对于整个系统的影响，往往导致整个系统低效运作。而枣矿集团通过协同机制把企业煤炭产销系统的各个部门、各个环节有机地协同起来，使它们具有共同的战略目标，提高了企业整体效能。枣矿集团煤炭产销协同的意义主要体现在以下几个方面：

1. 迅速响应市场，缩短供应提前期

当前的市场竞争已经转换为时间优先的竞争模式，快速反应正在逐渐成为市场竞争的焦点。快速反应的核心思想就是缩短供应反应的提前期。枣矿集团通过实施煤炭产销协同，能够根据客户的需求信息如煤炭质量要求、煤炭数量、服务标准等，协调企业内部煤炭产销各部门、各环节之间的关系，有效地对煤炭产销系统中的物流、信息流、资金流进行计划、协调和控制，并迅速做出改进产品质量、提高服务水平、进行需求分析和开配采、选配煤等反应，提高了企业的快速反应能力，可以在正确的时间和地点，将正确的煤炭产品，按照正确的数量交给正确的煤炭客户，实现对煤炭客户需求和市场环境的快速响应，缩短供应提前期，用最低的成本、最快的速度、最好的质量赢得市场。

2. 降低库存水平，提高市场预测准确性

较低的库存水平，意味着分布在存货上的资金得到了充分、有效的利用。枣矿集团通过实施煤炭产销协同，可以在最可能的时间内完成煤炭产品的生产和销售，能够在降低库存和满足客户需求之间寻找到最佳平衡点，减少传统的按照预期的客户需求储备煤炭的情况。传统的依靠库存的方法一是成本高，二是难以通过库存满足不同客户的需求。同时，有利于企业加强对煤炭市场的预测，并能提高预测的准确性，减少由于预测不准确给企业带来的损失。

3. 信息共享，使煤炭产销系统的不确定性最小化

煤炭企业的煤炭产销系统是一个高度复杂的系统，存在着很多不确定性，例如原煤生产的不确定性、洗选的不确定性、运销的不确定性等，这些问题的产生在很大程度上来自于企业煤炭产销部门、环节之间的“信息孤岛”，即企业煤炭产销各部门、各环节之间信息封闭。枣矿集团通过实施煤炭产销协同，可以使企业煤炭产销各个部门、各个环节在战略、战术和操作各个层面上实现协同、共享信息，降低牛鞭效应，消除盲点，使煤炭产销系统的不确定性最小化。

4. 提高企业经济效益，促进企业长远持续发展

枣矿集团通过实施煤炭产销协同，可以更有效地利用资源，提高资金周转效率，有效降低企业成本，实现企业经济效益的持续增长；可以将企业内部资源管理整合与外部资源配置良好地结合在一起，对于拓宽企业市场空间会产生积极影响；可以有效提升企业煤炭产销整个流程的效率，进而提高企业的综合运转效率，使企业生产经营的全过程实现精确化、信息化、数字化、高效化运行，从而提升企业的核心竞争力，促进企业长远持续发展。

5. 提供增值的客户服务，提升企业社会形象

在激烈的市场竞争中，客户的需求变得越来越多样化，客户期望值不断提高，企业只有及时满足多样化的客户需求，使客户定制化成为可能，赢得客户的最终信任，才能在市场竞争中始终立于不败之地。枣矿

集团通过实施煤炭产销协同，为客户提供包括标准化产品和专业化服务在内的一体化解决方案，可以最大限度地满足客户需求，增强客户对企业的信任感，从而提高客户对煤炭产品和服务的满意度和对企业的忠诚度，提高企业社会形象。

此外，枣矿集团实施煤炭产销协同的意义不仅体现在煤炭产销协同本身，而且在煤炭产销协同的运作过程中一定会暴露出企业在原煤开采、洗选加工、煤炭储存、市场营销、物流运输、订单管理、客户管理、信息系统、新产品研发等方面，很多短期发现不了的差距，这些差距其实就是企业内在核心能力上的差距。这些差距直接导致了企业实现不了战略目标，实现不了在市场上相对于竞争对手的优势。枣矿集团深入推进煤炭产销协同的根本意义在于，暴露和揭示出这些内在核心能力上的差距，并通过采取有效措施来消除这些能力差距，真正建立起目标落地并有效闭环的煤炭产销协同管理体系，优化资源配置，不断提高企业凝聚力、市场洞察力及核心竞争力。

第三章

枣矿集团煤炭产销协同的运营模式

运用上述理论，结合企业实际，枣矿集团将企业煤炭开采、洗选加工、销售及运输等环节进行有效整合，构建了煤炭产销协同运营模式，并提出了实施途径。

第一节　枣矿集团煤炭产销协同运营模式的基本架构

一、枣矿集团煤炭产销协同的基本流程

枣矿集团是山东能源集团的权属企业之一。目前，山东能源集团对权属企业生产的煤炭产品实行统一销售管理，并在权属企业驻地设立营销处（在枣矿集团本部驻地枣庄设立了“山东能源集团有限公司煤炭营销中心枣庄营销处”，以下简称“山东能源集团枣庄营销处”）。山东能源集团煤炭营销中心与客户在产品质量指标、配煤加工需求、物流服务需求、金融服务需求、信息需求等方面进行深度沟通后签订煤炭买卖合同（客户订单），并将客户订单发送给各权属企业。枣矿集团在收到

客户订单后，立足现有资源赋存条件，围绕客户需求去组织、实施煤炭产销协同工作。

1. 枣矿集团煤炭产销协同的主要环节

枣矿集团的煤炭产销协同系统主要由以下环节构成：

（1）提出生产建议。收到客户订单后，枣矿集团生产、地测、煤质、销售等职能部门进行横向沟通反馈，了解采面条件、进行煤质预测，了解客户需求、安排生产方案，并以生产建议单的形式交由各生产矿井组织实施。

（2）制定月度煤炭产销协同方案。每月下旬，各生产矿井根据集团公司的生产建议单，结合矿井的实际情况编制指标清晰、数据翔实的煤炭产销协同方案。从采场及煤质情况分析、优益煤种（指品质优良、效益好的煤种）筛选分析测算、优质客户分析排序、销售方案及生产计划的制定、公司整体效益预算及煤炭产销协同建议六个方面进行编制（详见本书第五章），既以市场为导向确定产什么煤，又以采场为参照确定卖什么煤，切实把握两者的最佳结合点，找出最佳的方案指导煤炭开采、洗选、销售、运输。

（3）制定月度营销计划。各生产矿井月度煤炭产销协同方案编制完毕后，上报集团公司审批；集团公司在市场调研的基础上，根据各矿井提出的分品种生产的煤炭产品的数量、质量指标，制定适合枣矿煤炭特点的集团公司月度营销计划，形成最佳生产、销售方案，指导生产矿井和运销部门落实执行，确保产销平衡。各生产矿井依据集团公司审批后的煤炭产销协同方案开展原煤开采、洗选加工、销售及运输活动。

（4）原煤开采。原煤开采环节是枣矿集团煤炭产销协同工作中生产的起点，也是保证向煤炭客户有效供给煤炭产品的起点。各生产矿井需要根据客户的需求开采适量的原煤，小部分原煤直接销售给需要原煤的客户，大部分通过提升运输系统到达选煤厂进行洗选加工。原煤开采环节应注意不同区域、不同煤种之间的配采，采用何种采煤工艺要综合考虑地质条件和客户对煤质的要求。

（5）洗选加工。生产矿井从井下开采出来的原煤大部分需要输送到矿井下属的选煤厂进行洗选加工，剔除杂质，提高煤炭质量，进而满足客户的煤炭质量需求。例如，原煤中含有硫分、灰分等大量杂质，其中，原煤燃烧产生的二氧化硫会对环境造成污染，通过洗选可以减少硫的排放；原煤中的灰分会影响煤炭燃烧的发热量，通过洗选可以减少煤炭的灰分含量，从而节约能源。洗选加工环节还可以优化煤炭产品结构，将企业产品从单一的原煤丰富到多种洗精煤，用来满足不同客户的需求。

（6）产品销售。产品销售环节是连接企业与客户的纽带，它的主要任务是将一部分原煤及选煤厂洗选出来的精煤销售给不同的客户。枣矿集团的客户大多是固定客户，企业与客户的关系是长期合作的。销售部门是与客户联系最紧密的部门，第一时间掌握客户需求，要采取多种方式，建立有效的信息沟通机制，加强企业和客户的衔接，加快生产、运输、煤质等信息的传递，切实把销售部门的市场链接作用充分发挥出来；要负责将接受到的客户需求信息进行整理，配合科学预测，供其他部门及生产矿井作为参考，从而建立起煤炭产销协同信息的双向传递机制，减少库存带来的成本增加，提高企业经济效益；要及时了解客户需求，搞好营销服务，积极处理客户的意见与建议，从而提高客户的满意度。

（7）产品运输。煤炭的供给离不开运输，运输是否稳定影响到煤炭供给的稳定性。产品运输环节在枣矿集团煤炭产销协同中扮演着重要的角色，符合客户需求的商品煤生产出来后，还需要通过铁路、公路、水路等运输方式安全、及时地运送到客户手中。在铁路、公路、水路三种运输方式中，铁路运输处于主导地位，但是公路运输与水路运输也是必不可少，要合理组合、灵活运用，让企业和客户的运输成本更低；要保证运输的稳定性，保证运输能力和运输时效。

（8）客户。客户是枣矿集团煤炭产销协同的最终物质承担者，同时也是煤炭产销协同信息反馈的转折点。其中，客户需求是煤炭产销协同的起点，煤炭产销协同的整个运作都是围绕着客户需求进行的，其直接影响了枣矿集团的生产运营，处于重要地位。在获取客户需求信息后，枣矿集团将信息传递到各生产矿井，各生产矿井根据客户需求信息进行原煤开采、洗选加工、销售及运输活动，最终到达客户的是标准化的产品和服务。

2. 枣矿集团煤炭产销协同中的流行为

在枣矿集团煤炭产销协同系统中存在着以物流为主线、包括信息流及资金流的输入输出关系的流行为。

（1）信息流。枣矿集团煤炭产销协同系统中的信息流主要包括需求信息和供给信息。需求信息（如客户订单等）从需方向供方流动，是从下游煤炭客户流向上游的逆向流，这时还没有物流流动，但是它却引发物流。而供给信息（如结算单、煤炭质量信息传递书等）随同物流一起从上游供方向下游需方流动，而且各环节或业务之间的信息流是双向交互的。

（2）物流。枣矿集团是根据客户需求安排原煤开采、洗选加工活动，然后以商品的形式销售运输给客户，并提供售后服务。物流（煤炭产品）从原煤开采环节开始，沿着各个环节向需方流动。

（3）资金流。煤炭产销协同中的各项业务活动都会消耗一定的资源。消耗资源会导致资金流出，只有当消耗资源生产出的产品出售给客户后，资金才会重新流回企业，并产生利润。因此，煤炭产销协同中还有资金的流动。从需求方煤炭客户向集团公司支付货款开始，逆向流到生产矿井，与物流的方向正好相反。

信息流、物流、资金流的流动都要靠煤炭产销协同各环节的业务活动——工作流来带动，工作流决定了各种流的流速和流量。只有保证工作流畅通，对客户需求及瞬息万变的市场环境迅速作出响应，才能提高信息流、物流、资金流的流速和流量。而要保证工作流畅通，则需要做好煤炭产销协同的计划、协调工作，使各个环节协同运作。

3. 枣矿集团煤炭产销协同的基本流程

根据枣矿集团煤炭产销协同的主要环节及煤炭产销协同中存在的流行为，枣矿集团煤炭产销协同的基本流程可总结如下：集团公司收到山东能源集团发来的客户订单后，根据客户需求进行煤质预测、安排生产方案，形成生产建议单交由生产矿井组织实施；各生产矿井根据集团公司的生产建议单制定具体的月度煤炭产销协同方案报集团公司审批，集团公司在对各生产矿井的月度煤炭产销协同方案进行统筹协调的基础上，制定整个集团公司的月度营销计划；各生产矿井依据经集团公司审批后的煤炭产销协同方案进行原煤开采、洗选加工、销售及运输活动：首先进行原煤开采，然后通过洗选加工环节将原煤转化为商品煤进行销售（一部分原煤直接销售），最后通过铁路、公路、水路等运输方式将煤炭产品运送到客户。在这一流程中同时存在着三流：物流、资金流及信息流。其中，物流从原煤开采环节依次向客户流动，资金流从客户流动到集团公司、再从集团公司流动到生产矿井，而信息流的流动则是双向的，三流贯穿了枣矿集团煤炭产销协同的全部活动。如图 3－1 所示。

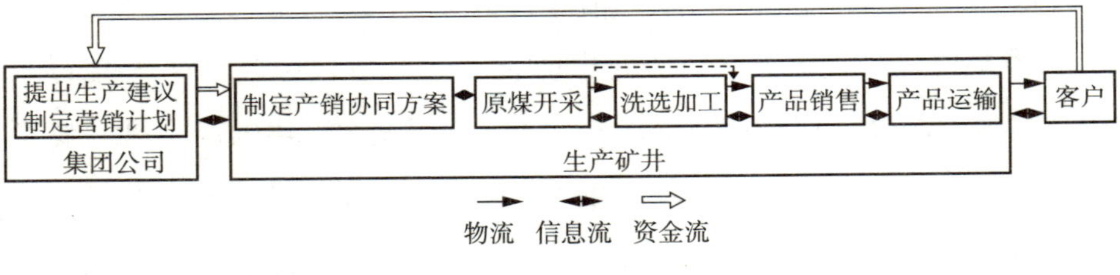

图 3－1　枣矿集团煤炭产销协同的基本流程

二、枣矿集团煤炭产销协同运营模式的基本架构

目前，枣矿集团的煤炭产销协同工作主要在集团公司本部高庄煤业公司、新安煤业公司、付村煤业公司、蒋庄煤矿、田陈煤矿、柴里煤矿、滨湖煤矿7对骨干生产矿井中开展，这7对生产矿井都有各自的选煤厂，都能生产两种以上的商品煤（各生产矿井经过选煤厂加工成的商品煤有可能是同一煤种，销售给同一个客户或不同客户），都有多个客户。它们根据集团公司的生产建议，制定煤炭产销协同方案，并依据经集团公司审批后的煤炭产销协同方案进行原煤开采、洗选加工、销售及运输活动，最终把煤炭产品运送到客户。形成以物流为主线，包括信息流及资金流的输入输出关系的枣矿集团煤炭产销协同运营模式的基本架构。如图3－2所示。

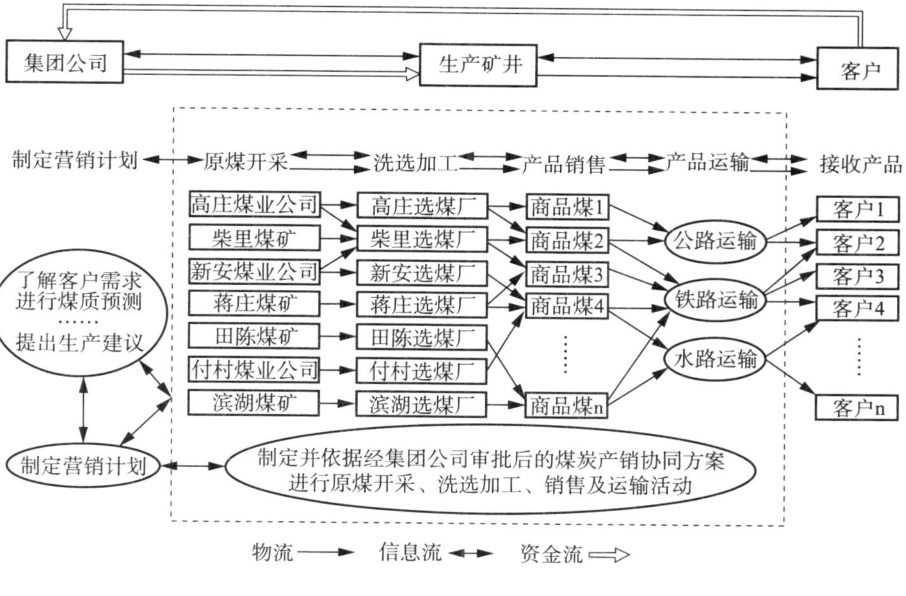

图3－2 枣矿集团煤炭产销协同运营模式的基本架构

在这一模式中，集团公司处于计划层，生产矿井处于运作层和执行

层。集团公司的主要职能是对煤炭生产、销售进行计划、协调，对煤炭市场进行分析、预测，并将信息反馈到运作执行层。生产矿井根据反馈信息进行煤炭产品的生产和销售，通过不同业务之间信息的相互传递，支撑各项业务的正常运转，最终满足客户需求。同时将信息反馈到计划层，支持集团公司决策，从而形成煤炭产销协同的闭环运营模式。

第二节　枣矿集团煤炭产销协同运营模式的实施途径

枣矿集团认识到，从传统煤炭产销模式到煤炭产销协同运营模式的转变，是企业煤炭供给结构和管理体制的重大变革，是积极践行国家供给侧结构性改革、适应行业转型和竞争升级新形势的现实选择。为确保煤炭产销协同取得实实在在的效果，应从思想观念、管理方式、运行机制、流程管控、产品研发、市场开拓、客户服务等方面进行相应的调整与优化，真正实现由生产导向型向市场用户导向型转变、由生产煤炭向经营煤炭转变；应突出目标导向，把煤炭产销协同上升到与矿井安全、稳定同等重要的程度，步调一致抓产销，协同作战抢市场，争取工作主动；应坚持以产促销、变“以量增效”为“以质提效”，坚持以销带产、变“坐等客户”为“精准营销”，坚持产销联动、变“各自为战”为“协同作战”。具体而言，应重点做好以下几个方面的工作：

一、转变观念及运行体制机制

1. 转变思想观念

煤炭产销协同作为枣矿集团内部的一种运营模式，实施与运作的关键在于领导和员工思想观念的转变。应动员广大干部职工进一步解放思想，协同创新，务实担当，以新思路适应新常态，用新举措解决新难题，充分发挥煤炭产销深度协同效能，全力推进各项工作健康发展。

2. 完善运行机制

一是以管理有效为原则，以管理层次清晰、职能界定严明、便于功能发挥为目标，以精干高效、配备合理、成本节约为前提，建立健全煤炭产销协同运营模式的运行组织机构。组织机构应扁平化，加强协作与沟通；应避免职能重叠，以免出现“有了权利互相干涉，有了责任互相推诿”的现象。

二是理顺工作流程，实施工作流程再造。应按照生产链、销售链、信息链来构建煤炭产销协同的流程网络，并且明确规定每个链、每个节点的标准内容和时间要求等运行规范，使工作流程中的每个环节都能高效运作。各管理层次、管理机构、实施单位间的关系及各种工作业务的处理程序都应具备清晰、规范的标准工作流程。

三是对煤炭产销系统中的每一个环节、每一个细节都应基于产销协同这一平台，建立完善的规章制度，使煤炭产销协同工作的推进做到有章可循。

四是建立健全绩效考核体系。建立薪酬与绩效关联机制，强化薪酬激励的导向作用；完善目标分解和考核评价机制，量化分解煤炭产销协同各环节的工作目标、任务，建立能力绩效评价体系和可测量的指标控制体系；强化绩效考核，突出影响战略、战术目标实现的关键指标的考核评价，形成有效的激励和约束机制。

3. 创新经营理念

煤炭产销各部门、各环节应共同面对市场，思考问题，确定方案，制定措施，实现价值取向的一致化。

一是围绕“效益当先，推进煤炭经营”理念，全面落实“稳量、提质、促销”措施，提升煤炭产业创效能力。

二是坚持“市场指导采场、采场对接市场”理念，优品种、拓市场、增运力、保销售。应强化技术、监督、考核"三位一体"管理，坚持稳产提质、经济开采、高效营销，实现质与量稳中求进；应全面加强管控，推动供给结构调整，提升供给质量，增强发展后劲。

三是树立市场导向的理念、为用户创造价值的理念、超值服务的理念，突出用户需求及市场导向，将注意力集中到市场和用户，拉近与市场和用户的距离，加强与用户的交流与合作，打破传统条块分割的格局，畅通信息流和价值流，提高响应市场的能力，推动企业由供应商向服务商转变。

4. 增强协同效应

生产矿井与销售部门应相互协作、相互支持。生产矿井应采取各种积极措施，努力生产适销对路的产品，控制好灰分、硫分、发热量、挥发分等指标；销售部门应依据各生产矿井煤炭产品分品种的质量和产量指标，积极开发、寻找适合矿井煤质条件的煤炭市场，不能脱离矿井实际一味地提高煤质指标，二者应有机结合起来。

煤炭产销各职能部门和生产矿井应通力合作，以煤炭产品资源为基础，保证专业间深度协同。应以市场为导向，优化产品结构、用户结构、商业模式和市场布局，提高产品竞争能力，深度释放煤炭产销协同效能；应立足煤炭产销协同，为客户量身定制最优煤炭产品服务方案，以差异化产品满足不同客户的需求，多渠道拓宽营销通道；应完善源头管控、煤质管理、经营销售体系的建设，实现经营性生产与效益性营销的有机结合。

应准确把握用户需求，科学分析采场，积极对接市场，有的放矢地改进生产、销售等环节，对制约煤炭产销的关键环节精准发力，使煤炭产销各环节结合更紧密、配合更有效、运行更顺畅，发挥"产、运、洗、配、销"高度协同效能，持续优化煤炭产销联动体系，进一步促进煤炭清洁高效利用；应制定有效的激励政策，发动广大干部职工参与煤炭销售的积极性，多渠道促进煤炭销售，实现产销平衡。

二、做好煤炭产销协同决策与计划

由于煤炭产品的需求具有季节性波动的动态性特征，煤炭产销协同决策与计划不应该割裂各时间阶段的联系，应围绕创造有效供给、实现客户满意度最大化和企业效益最大化的目标，综合考虑各时间阶段的市场需求，制定各时间阶段的生产、库存和销售决策，科学编制煤炭产品生产、洗配、销售、运输计划。在产销协同模式下，计划的编制不是哪一个部门的单独任务。应坚持从强化煤炭产销衔接管理入手，突出计划管理的龙头作用；应在各个环节之间进行计划的优化和协调。

一是综合考虑商品煤需求的季节性波动特点，根据各生产矿井原煤生产能力、成本情况以及计划期初的原煤库存量，动态安排各生产矿井在各个时间阶段的原煤生产量计划、原煤库存量计划。

二是根据各选煤厂的洗煤能力、成本情况以及计划期初的各商品煤的库存量，动态安排各选煤厂在各个时间阶段的入洗原煤量计划、商品煤产量计划和库存计划。

三是根据各客户的重要性程度，动态安排各时间阶段对各客户商品煤的订单数量的满足率计划、销售计划。

四是根据各生产矿井与各选煤厂之间的运输成本、各选煤厂洗煤能力情况，安排由各生产矿井到各选煤厂的待洗原煤的内部运输计划；应根据各生产矿井与各客户之间的运输成本，安排由各生产矿井到各客户的商品煤运输计划。

五是各生产矿井应根据客户的质量要求，制定合理的生产销售方案，降低频繁调整工艺指标造成的系统不稳定性，稳定煤炭质量。应充分考虑采场和市场，按照“既能生产出适合市场和客户需求的煤炭产品，又能确保企业效益最大化”的原则，制定煤炭产品生产方案；应按照“实事求是、符合生产实际、便于与用户对接和定价”的原则，以煤炭产品分品种的数量、质量指标为依据，制定煤炭产品销售方案。

三、强化煤炭产销协同流程管控

煤炭产销各部门、各环节应牢固树立一盘棋思想，紧紧围绕创造有效供给、实现客户满意度最大化和企业效益最大化的目标，超前谋划，突出关键环节，强化流程管控、措施落实、价值创造，持续提升煤炭产销协同的运行保障能力，实现集约高效发展；应加强产销联动体系建设，强化源头设计、超前布控、全过程监督考核，充分做到地测、生产、选煤、煤质、销售等部门的有机结合，做好流程管控协同。

第一，在生产接续上，一是确保接续稳定。加快重点接续面施工，确保主采面平稳过渡；抓好工作面初采、末采及过地质构造期间的有序衔接，充分发挥辅采面的补产及煤质调节作用，确保生产有序；加大村下条带开采技术的研究与应用，为保证矿井接续争取主动。二是确保安撤有序。针对集团公司本部所属矿井安撤频繁的实际，应统筹安排施工计划，避免出现集中安撤现象，并对重点安撤工程强化跟踪督导；应统筹协调施工力量，实行专业化管理、市场化运作，推进矿区生产技术服务一体化。三是抓好接续安排。各生产矿井与集团公司生产技术处、地质测量处，应切实、准确地掌握采面接续、赋存煤质情况，抓好井下沿空留巷、煤矸分离新技术的推广使用，在探讨研究补打煤仓、实现矸石不上井、促进煤炭开采清洁生产方面共同努力。

第二，在原煤生产上，各生产矿井应通过采取合理配采、分采分运、分储分洗、过程把控、洗选调质等积极的管控措施，提煤质促产量，生产适销对路的煤炭产品。一是科学、合理地实施高低硫煤配采，解决高硫工作面的产品质量问题；二是抓好工艺设计、采场布置、生产组织，确保矿井生产工艺与地质条件、设备选型、煤层赋存相匹配，并能实现动态调整；三是按照产能优化、人员合理、保证效益的要求，合理排定采掘、提运专业的劳动组织，努力探索产能、人员、效益的最佳结合点，提高单产单进水平。

第三，在质量管控上，各生产矿井应围绕“混煤提质、精煤增量、减量不减效”目标，建立源头预警、流程控制、末端考核的煤质管理体系。一是从源头和系统上做好工作。煤炭开采从优化设计开始，综放工作面严格执行“见矸关门”规定；井下优化生产系统，积极推广矸石不上井，建立井下矸石仓，实现矸石和煤流的有效分离；有条件的矿井，应多建煤仓，增加仓储缓冲能力，将高低硫、高低灰、高低挥发分等煤炭分开，生产适销对路的产品；井上下应加大筛分手选矸石、机械排矸、破碎等环节的管理力度，利用各种措施，从生产运输源头减少矸石、优化煤质。同时，在抓好技术手段的基础上，应利用经济手段抓好煤质管理。二是强化煤质考核，明确责任主体，密切关注矿井煤质变化与市场变化，实现煤质管理与市场需求的有机对接。三是对客户提出的煤质要求应及时反馈解决，以优质的煤炭产品增强企业市场竞争力。

第四，在选煤管理上，一是积极解决新投产选煤厂的生产系统没有经过满负荷和长时间的生产考验、暴露问题多的现象，加快释放洗选效能的步伐；二是保证选煤、煤质设备设施的投入，确保选煤生产正常稳定运行；三是抓好动筛跳汰改重介浅槽提质工程建设及精煤水运、回煤入洗、煤泥浮选工程建设等技术改造项目的调度管理，确保技术改造项目按期完成。

第五，在洗煤提质上，一是进一步提高原煤入洗率和精煤回收率，确保产品质量均衡，做好产品结构调整，实现效益最大化；二是加大配煤技术推广力度，发挥“储、装、运、调、配”优势，实现矿井内外部资源的合理配置，实现采场与市场的紧密结合；三是针对部分矿井接续面临困难和资源逐步枯竭的现实，应发挥好选煤厂设计生产能力大、洗选效率高的优势，积极完善配煤体系建设，开展外来煤入洗，做到不增产量增销量。

第六，在销售管控上，销售部门应抓好市场调研、分析和预测，准确掌握用户需求信息，细化销售需求计划，提高高附加值煤炭产品的销售比重，合理规划销售结构，实行客户分级管理，提高服务水平，提升市场占有率；应系统抓好生产、煤质、市场的信息传递，与用户建立长期合作关系，持续优化运销结构；应发展关联贸易，加强与大型冶金、焦化、电煤用户的合作，逐步实现由单一煤炭贸易向煤钢、煤焦、煤电互保等多渠道营销转变。

第七，在运输管理上，运输部门应切实提高矿区自备列车运转效率，发挥储装运调优势和集团公司铁路运输处煤炭仓储转运中心的作用；应立足煤质煤种、量质平衡，围绕实现企业与用户双赢，优化运输格局，实现铁运、汽运、水运、铁水联运、汽水联运及自备列车运输等多渠道运输。特别是在水运提量上，应利用港口集散调配优势，为用户提供“从坑口到炉口”的一站式配送服务，助推市场布局优化。

四、加强产品研发和技术创新

在买方市场条件下，能不能在竞争中形成新优势、赢得新发展，关键还是要看企业有没有过硬的适销对路的拳头产品，有没有超强的抵御市场风险的能力，有没有自身的看家本领。为此，应加大产品研发力度，积极推进煤炭清洁生产利用。一是与高校教授、用户配煤专家联系，开展枣矿煤炭特性研究，使用户进一步提高枣矿精煤在炼焦中的配比比重；二是面向市场和用户，加大新产品的研究和开发力度，使新产品尽快转化为现实生产力和经济效益；三是立足市场需求，对产品进行定位分析，多元开发精煤品种，注重研发有成长性的产品，满足潜在市场和用户的需求；四是加强型煤利用、高效煤粉制备方面的研究，不断拓展煤炭市场，促进煤炭产品多元化和清洁利用；五是以水煤浆传统技术优势为依托，跟踪水煤浆产业发展方向，向输出炉前制浆工艺、技术、设备、服务努力，培育绿色增长点。

应强化技术创新管理，加大技术和研发投入，持续优化工艺流程，促进工艺和产品结构优化升级；应优化生产系统，加快矿井井下煤仓扩容建设，增强生产缓冲和煤质调节能力；应优化装备配置，提升自动化、智能化生产水平；应优化技术工艺，加大岩巷快速掘进、中厚煤层沿空留巷等技术推广，促进生产提效。

五、提升市场适应能力和开拓能力

应细化市场，不断优化区域市场结构；应细化客户，为客户量身定制最优煤炭产品服务方案；应细化品种，以差异化产品满足不同客户的需求；应细化运输方式，多渠道拓宽营销通道；应细化商业模式，为客户提供能源需求整体解决方案。

应深入研究市场，加强客户关系管理，推进战略合作，建立忠诚的战略用户群；应坚持问题导向、目标导向与激励导向，加大营销课题研究力度，抓好个性化定制生产，稳定老客户、开拓新市场；应加快客户大数据模型、煤炭互联网电商平台建设，进一步挖掘潜在用户，健全优质客户、潜力客户分析评价机制，形成个性化、零距离的沟通服务体系，确保战略客户销量占比稳步提升；应加强与用户的技术交流，定期邀请用户技术专家到其供货矿点进行指导交流，与生产矿井技术人员共同研究制定质量管控指标，实现采场与市场、井口与炉口的无缝对接，做好质量共同管控，真正实现“订单式生产、个性化服务”。

应建立健全市场信息快速传递和反馈机制，对用户反馈的情况进行认真分析，全方位做好对用户的服务，以信誉、质量、服务赢得市场，持续提高用户满意度；应加强对用户的应用技术研究，深入了解用户对产品的使用情况，为用户提供系统解决问题的方案，帮助用户降低成本，尽力提高用户的价值创造能力。

第四章

枣矿集团煤炭产销协同的实施

为深入推进煤炭产销协同，枣矿集团制定下发了《关于进一步深化煤炭产销协同的工作意见》（见附录一）。企业将采场、现场与市场直接对接，找准采场与市场的结合点、产量与质量的平衡点，调控生产布局，设计配采比例，以销售结构确定洗选加工品种，以洗选加工品种确定原煤产量和质量，形成了产销协同互补的大格局，打破了以往生产、运输、销售、经营、核算各部门、各环节相互独立、各自为战的局面，真正将企业煤炭产销各职能部门及各生产矿井有机地衔接起来，形成了“以产促销、以销带产、产销联动”的良好局面，扩大了有效供给，较好地实现了客户满意度最大化和企业效益最大化的目标。本章以下内容，对枣矿集团煤炭产销协同的实施情况进行综述。

第一节　枣矿集团煤炭产销协同的主要做法

一、优化工作流程，完善运行机制

枣矿集团认识到，深入推进煤炭产销协同是一项系统工程，涉及企业战略、管控、人力、财务等诸多方面，事关企业改革发展大局，需要优化工作流程、完善运行机制，促进各种要素相互作用、相互支持，发挥协同和综合效应。

1. 集团公司层面

（1）成立了煤炭产销协同领导小组，由董事长、总经理任组长，分管副总经理、总工程师任副组长，成员由生产技术处、财务部、地质测量处、煤质管理处、山东能源集团枣庄营销处等部室负责人组成。领导小组在煤质管理处设办公室，煤质管理处负责人兼任办公室主任，成员由生产技术处、财务部、地质测量处、煤质管理处、山东能源集团枣庄营销处等部室相关人员组成。煤炭产销协同办公室的主要职责是：负责年度煤炭产品生产销售计划的制定落实；负责配采配洗方案的制定落实；负责组织产销联席会议及会议纪要的整理落实；负责抓好集团公司及各生产矿井煤炭产销协同工作情况的调度、督导、反馈等日常工作。

（2）建立了煤炭产销协同日常工作机制，生产、地测、煤质、销售等职能部门日常进行沟通反馈，了解采面条件，进行煤质预测；了解客户需求，安排生产方案，以生产建议单的形式交由各生产矿井组织实施，并努力做到“一户一方案”。

（3）建立了“三会”制度，由集团公司总工程师牵头，生产、地测、运销、煤质、财务等部门参加。一是年度计划落实会。根据各工作面地质资料和煤质数据分析、煤炭市场和用户需求分析，按照效益最最大化的原则，科学确定各生产矿井年度煤炭产品生产销售计划，有效避免无序生产和无效生产现象。二是月度产销联席会。对月度煤炭产销协同工作进行统筹规划和整体协调，对集团公司下属各矿井的月度煤质计划、运销计划与生产作业计划同部署、同落实、同考核。会上，各生产矿井汇报下一个月的原煤生产量、自排的产品结构数量和质量；集团公司销售部门汇报各用户计划需求的产品数量和质量，做到生产与销售对接。会后，生产矿井根据市场需求，在质量可调范围内，适当进行产品结构调整，生产市场需求的适销对路产品；销售部门结合矿井生产、产品结构和煤质，积极寻找与矿井煤质相一致的煤炭用户。三是每周煤质分析会。及时通报煤质问题，落实煤质管控措施，确保煤质稳定。

（4）建立了产品结构预测制度，由集团公司总工程师主持，根据煤质情况预测出下月的产品结构（以2016年5月份为例，见表4－1），制定出最匹配客户的生产方案，从井下开采、上井运输、洗选加工到装车发运，实行全流程的煤质管控，最终生产出满足客户质量要求的产品。

表4－1　2016年5月枣矿集团商品煤数量预测表　（单位：万吨）

	原煤产量	精煤量				混煤量	洗混煤量	煤泥量	合计商品煤量
		小计	1#精煤	2#精煤	3#精煤				
高庄煤业公司	30.0	14.0	6.0	8.0		7.0	1.6	2.8	25.4
新安煤业公司	50.0	16.0	6.0	10.0		23.0	2.4	2.4	43.8
付村煤业公司	19.0	14.0	10.0	4.0			1.5	1.6	17.1
蒋庄煤矿	24.6	15.5	5.0	10.5		2.5	0.5	3.0	21.5
田陈煤矿	19.0	12.0		2.0	10.0	4.0	0.5	0.5	17.0
柴里煤矿	22.0	17.0		17.0		4.0	2.0	2.0	25.0
滨湖煤矿	7.8	3.3	3.3			1	0.4	0.8	5.5
合计	172.4	91.8	30.3	51.5	10.0	41.5	8.9	13.1	155.3

（5）大力抓好煤种煤质、运输方式、市场客户等综合效益分析，

确保实现产品效益最大化。

（6）加大市场调研力度，并及时将市场信息反馈到生产矿井，做到以市场指导生产。

（7）给各生产矿井提供互相沟通和衔接的平台，使其可以互相沟通、互相学习借鉴先进经验。在集团公司《煤质简报》上开辟专栏，对各生产矿井煤炭产销协同的方式方法创新进行推广，并先后在蒋庄煤矿和高庄煤业公司组织召开了两次现场推进会，不断丰富和规范工作流程，使煤炭产销协同内部工作机制日趋完善。

2. 生产矿井层面

（1）分别成立了以矿长（或经理）、总工程师为组长的煤炭产销协同领导小组（下设办公室或工作室），制订了细致的工作要求和考核处罚标准，出台了煤质销售激励奖励政策。领导小组定期召开煤炭产销协同工作会议，系统总结上月煤炭生产、销售和煤质管理工作，制订本月煤炭生产、销售计划，为深化煤炭产销协同工作提供了组织和制度保障。煤炭产销协同办公室由调度、采煤、地测、煤质化验、洗煤、运销等科室的相关人员组成，主要职能是对矿井原煤生产、精煤洗选、煤质管控、商品煤销售以及外部煤炭市场形势、主要客户及竞争对手的价格、供需等信息进行收集整理，并根据所掌握的信息进行综合效益测算分析，对矿井产、洗、销过程中存在的一些问题，提出有针对性的意见和建议，为矿领导决策提供翔实的依据。例如，高庄煤业公司煤炭产销协同工作室一是对公司生产、质量、洗煤加工及销售等信息采取每日收集、分类、归档制度，为效益最大化分析提供数据支持；二是将效益测算模块变“活”，根据公司采场、煤质、销售价格等情况的变化，将各煤种销售单价、回收率等数据动态代入进行分析、计算，并对客户群按照“以质计价、以运输费用、以销售价格、以资金回收情况”四条主线进行排序，实时形成优质客户排序表，同时加强与销售部门的沟通协同力度，及时将公司最优商品煤及客户结构反馈给销售部门，对公司销售煤种、产品运输方式及主要客户群提供方向性建议；三是对制约效益释放的因素进行挖潜分析，变问题为课题，通过实地调研等方式寻求解决方案，按照工作流程及标准要求，形成相关效益分析报告，为公司领导层提供决策依据。

（2）制作了煤质管理流程图、商品煤产销系统图、商品煤销售用户情况表、产品质量看板、采区采面布置图等一系列图表，每天早上由各相关人员对产、洗、销数据进行更新填写；每周召开一次产销协同例会，对一周的工作开展情况进行分析汇总；每旬出一期产销协同旬报，对一旬的产、销及煤质数据以及市场形势进行分析，查找存在的问题并提出建议措施；每月编制一次煤炭产销协同方案，从采场及煤质情况分析、优益煤种筛选分析测算、优质客户分析排序、销售方案及生产计划的制定、公司整体效益预算及产销协同建议六个方面进行编制，既以市场为导向确定产什么煤，又以采场为参照确定卖什么煤，切实把握两者的最佳结合点，找出最佳的方案指导生产、洗选、销售、运输。

（3）充分发挥煤炭产销协同办公室的联动作用，将采场与市场、生产与销售有效对接，科学制定保障措施，加强对矿井生产、洗煤、配煤、煤质、运输、销售等各个环节的管控，构建了产销一体化联动体系。

（4）以“煤质、销售”为核心，建立完善了生产链、销售链、信息链之间的协同及反馈机制。

二、严格煤质管控，优化产品结构

为有效实施煤炭产销协同，枣矿集团本部高庄煤业公司、新安煤业公司、付村煤业公司、蒋庄煤矿、田陈煤矿、柴里煤矿、滨湖煤矿7对生产矿井突出市场导向，瞄准“煤质最优化、效益最大化”的工作定位，主动调采场、提煤质、促销售、增效益，着力改变“以量增效”的传统模式。一是优化设计布局，合理组织生产。利用地质勘探等技术手段，超前分析工作面地质构造、煤层赋存等，并做到设计布局与地质条件相匹配、设备选型与煤层赋存相匹配、生产工艺与断层构造相匹配、开采层位与配采进度相匹配；兼顾采场条件、煤质、安撤等因素，坚持保压结合，超前研判调整主采面推进度，确保合理配采。生产中坚持每天一素描、一分析、一总结，对影响煤质的因素进行科学论证，根据煤层和断层走向及时采取调向、掏矸助采等措施，科学把握产量与煤质的平衡点。二是注重系统管控，严抓提质增效。严格落实采掘机运通等各专业保煤质措施，强化动态监控和煤质预警，发生煤质问题立即启动应急预案，确保煤质稳定；完善配套系统，井下均建立煤矸分离系统，推进重介浅槽和“煤仓＋矸石仓”双仓建设，实现煤矸分运、分储、分提。三是坚持利用经济杠杆调动全员抓煤质的积极性，改变过去“出煤出矸都算钱、提升上井都算量”的结算方式，以商品煤量为基础，以质计价、超灰扣产。建立分管矿长目标薪酬、科室绩效工资、区队标准煤量、煤质网员单独挂钩的“四层级”煤质考核体系，明确6大环节28条考核标准，使“保煤质就是保工资，提煤质就是挣工资”的理念成为矿区上下的共识，为保证市场份额创造了条件。四是注重洗选加工，优化产品结构，大力实施精煤战略，确保了商品煤品种齐全、适销对路。

高庄煤业公司一是坚持“设计先行”的原则，结合公司采场、地质、煤质实际，科学组织生产，优化工作面接续，合理配采配掘，确保生产工艺与地质条件相匹配、设备选型与煤层赋存相匹配，最大限度地保证了公司生产及原煤质量。二是对煤炭产品质量实施了全生命周期控制。公司把煤质管理流程细化为设计技术、地质勘探、掘进质量、采煤质量、调度指挥、运输提升、洗选质量、装车销售、质量检测、考核、督查等11个环节，从设计、生产、提升、配洗直到销售全流程入手，变煤质指标为“煤质订单”，创新实施了工作面错时生产、高低硫煤分仓储运，并对洗煤生产中的硫分、灰分等指标实行全过程检测，确保了公司商品煤质量达标，满足了客户需求。

新安煤业公司坚持每天对各采掘头面进行地质素描，及时掌控源头地质变化，严格落实源头煤质管控“两严格、两追究、两连带”措施（即严格工作面逮顶、采高、层位控制和放煤管理，超割矸石追究区队管理人员责任，按每架200元进行处罚，20%连带科室和区队主要负责人；严格半煤岩巷道分打、分装措施，全岩巷道严禁进煤流措施，否则罚款1万元，追究直接责任人的责任，20%连带分管科室和区队主要负责人），持续强化“七分七控”管理（即实行分采、分矸、分装、分运、分储、分提、分洗“七分”管理，落实飘刀降灰、控顶减灰、动筛排矸、手选提质、超灰扣产、掏矸助采、配煤提质“七控”措施），特别是在井下工作面煤质差异较大时，通过采取错时生产、分提分储等措施，实现了高、中、低硫煤的合理利用；严格结果考核，全过程监督煤质措施落实，严格分析处罚影响煤质的问题和环节。在洗选环节，严把密控、加药、分仓、浮选四个关口，确保了精煤质量符合客户需求。

付村煤业公司一是通过生产源头工艺改革、系统优化、合理配采、过程控制等多项举措，发挥了源头生产保量提质的作用，既保证了基础产量，又确保了煤质指标，实现了采煤工作面的经济可采最大化。二是对煤质实行全过程管控，优化系统、环节之间的协同，坚持分采、分储、分运、分提，积极发挥洗煤技改优势，稳定精煤产品质量，最大限度地提高了精煤回收率。

蒋庄煤矿一是围绕源头均衡高效生产，坚定不移地走正规循环之路，注重发挥综放工艺效能，合理调整配采方案，及时优化生产接续，实现了高低硫煤的合理配采。通过综合实施装备、技术、工艺、管理

“四位一体”源头提效措施，工作面单产水平提高了10.9%。二是建立了以市场为导向的生产运行机制，从采煤到洗选，严格按销售煤种和质量指标组织生产。井下科学设计配采比例，实施工作面“量化”生产；选煤厂实施“订单”洗煤，按需生产。三是对产、洗、销实行一体化考核，完不成任务目标，逆向进行责任追溯，激发了全线协同的内生动力。

田陈煤矿一是通过优化采场设计、实施精采细采、细化过程考核、强化煤质化验等措施，实现了提质增效。二是建立了“五场（厂）一体”（市场—客户现场—矿井储煤场—选煤厂—井下现场）的井上井下联动反馈机制，一切围绕市场需求，超前制定洗煤、销售及发运方案，组织采煤现场、选煤厂实施“质量订单”式生产，坚持“客户需要什么就生产什么”，实行差异化竞争，确保了商品煤品种多样化和销售收益最大化。

柴里煤矿一是通过采取对工作面超前进行地质勘测和开采层位确定，坚持过断层预分析制度、地质一天一剖面图日分析日预报制度；加大煤质措施执行情况的监督检查，加大生产煤样及煤层煤样的化验分析，做好煤质预测、预报和预警，及时反馈煤质变化信息，指导生产；加大现场管理力度，注重生产流程的煤质管理，严格质量考核；坚持煤质日检测月预报制度、销售周报旬分析制度等措施，有效提升了源头煤质和销售效益。二是通过抓好煤炭产销协同方案的科学制订与执行，合理调控生产布局和生产节奏，实现了产销平衡、效益最大化。

滨湖煤矿科学调整井下采场布局，确立了以“16层煤为主，12层煤为辅”的生产布局，从工程设计、力量配备方面统筹考虑，重点确保161采区16层煤集约高效生产；结合煤炭产销协同机制，探索推行了分采、分运、分洗、分储、分销“五分工作法”。在洗煤加工方面，全程做好重介分选和煤泥水处理等各个环节的实时监控和调节，实时抓好精煤、洗水浓度、处理能力等技术指标的检测，及时反馈和分析煤质信息，最大限度地满足了客户要求。

三、创新商业模式，提升服务水平

随着经济全球化的不断深入，企业面临着越来越大的竞争压力，以客户需求为导向，为客户提供全方位的个性化增值服务是很多企业的立身之本。在这方面，枣矿集团主要做了以下工作：

1. 加强营销服务

在煤炭营销的过程中，营销服务每时每刻都交融在每一个销售环节之中，它不仅直接决定了企业能否留住原有的客户，同时也是企业能否发展潜在客户的重要因素。营销服务的要素，主要包括三个方面：售前服务、售中服务、售后服务。

在售前服务方面，枣矿集团一是积极开展市场调查，分析、研究市场，了解市场动态和客户需求，确定适合本企业的客户群体，向客户提供企业状况、煤炭产品的质量、当前的产品价格、运输费用及运输状况等资料，让客户充分了解企业煤炭生产、洗选加工、计量及质量等方面的信息，使客户更多地了解企业。二是根据客户反馈的意见及时调整生产和加工，为煤炭销售做好准备。三是明确做出了“只要用枣矿的煤，就满足你的需求、提高你的效益”的承诺，加强销售之前与客户的沟通，消除客户的顾虑。四是严格履行煤炭买卖合同，满足客户需求。

在售中服务方面，枣矿集团按照“为客户着想，方便客户”的原则，建立了“一条龙”配套服务体系，为客户提供一站式服务，帮助客户解决从“坑口”到“炉口”的各个问题。在煤炭质量方面，合理组织煤炭生产加工，满足客户需求；在装载数量方面，优化装车配置，减少客户运费支出；在办理手续方面，减少环节，简化办理装车、发运、计量、结算、出矿等手续；在产品运输方面，合理安排运输，及时组织发运，保证煤炭产品安全、可靠、准确无误地到达目的地。同时，正确处理大小客户、新老客户之间的关系，在保证战略用户、重点用户需求的前提下，尽量满足小客户、新客户的需求，持续优化市场结构。

在售后服务方面，枣矿集团一是建立快速响应机制，对煤质、计量等重大纠纷12小时响应、严重纠纷6小时响应、现场纠纷1小时响应；对客户在煤炭产品数量、质量等方面提出的异议，及时进行处理，并根据客户提出的意见，调整产品结构和质量指标，将有关信息及时反馈给客户，以取得客户的信任。二是加强与客户之间的联系，定期走访客户，征求意见，进行感情营销。三是与客户生产、采购、计量、质检、技术等部门开展技术交流活动，听取客户在使用企业煤炭产品过程中遇到的问题及建议。四是为用户解决煤炭燃烧使用过程中产生的技术性问题，帮助用户降低成本，进一步巩固双方的战略合作关系。五是主动与重点用户进行对接，对用户反馈的情况进行认真分析，采取跟踪服务、技术交流的方式，加大服务力度和措施，以信誉、质量、服务赢得市场。

2. 创新商业模式

随着煤炭市场由卖方市场转入买方市场，枣矿集团认识到，要想在残酷的市场竞争中站稳脚跟，必须转变思维方式，深化商业模式创新，由供应商向服务商转变，由传统的产煤卖煤向经营煤炭转变。为此，枣矿集团牢固树立“卖服务与卖产品同等重要”的理念，超前把握客户需求，变推销为“引销”，变提供产品为提供服务，构建以增值服务为主导的产品价值增值线，为客户提供定制化服务和综合解决方案。

各生产矿井积极主动地与客户对接，变客为主“跑”市场，见缝插针“抢”销路，千方百计“扩”渠道；树立全程服务理念，由等待客户带车拉煤，变为主动地为客户提供系统运输方案，既赢得了客户的高度评价和认可，也进一步拓宽了销售渠道。例如，蒋庄煤矿实行

"一户一策""一品一议"营销模式，通过差异化营销，维护供需双方的利益；坚持"一站式"服务，对用户从下票、发运到化验、结算，专人全程陪同，提供"保姆式"服务。高庄煤业公司在巩固老用户的同时，围绕井下采场实际，加强与上级营销部门及外部客户的沟通，积极开发与公司煤炭产品相适应的新市场、新客户，仅2016年下半年，就新开发了13个精煤用户。滨湖煤矿按照"稳固老客户、寻求新客户，保住大客户、维护小散户"的思路，建立起了比较稳定的客户群；根据市场需求及时调整产销方案，实现了"好煤卖好价，次煤有市场，产品多元化"。付村煤业公司建立信息反馈机制，加强售后回访，实时掌握用户对煤炭质量要求的动态意见，及时消除销售障碍，化解了销售矛盾，形成了稳定优质的客户群，实现了以质量巩固、开拓市场的目的。田陈煤矿在进一步深化以质量放心、数据安心、运输省心、服务舒心、沟通倾心于一体的"五心"销售模式的基础上，又创新实施了"1+n"营销模式（详见本书第五章）。

3. 创新与客户沟通交流的方式

为加强与用户之间的沟通和交流，准确把握用户需求，有的放矢地改进生产、销售等环节的产品、服务质量，同时为企业产品转型升级、生产个性化产品收集第一手资料，枣矿集团大力创新与客户沟通交流的方式。

一是为进一步将煤炭产销协同延伸到用户，枣矿集团总工程师不定期地带领原煤生产、洗煤、销售有关负责人到重点用户企业进行技术交流，实地了解枣矿煤炭产品的使用情况及用户对煤炭质量的要求，听取用户的意见或建议，增进了供需双方的相互了解，取得了良好的效果；各生产矿井一方面"走出去"完善自己，另一方面将客户"请进来"展示自己，积极主动地邀请客户、技术专家、运输单位来矿开展座谈或技术交流活动，充分听取各方面的意见或建议，既保证了今天的销售份额，也为明天卖得更好打下了基础。

二是召开技术、服务交流会或座谈会。为加强与用户企业在煤炭产品质量、配煤、质检及商务方面的沟通与交流，做好产品营销服务，进一步了解枣矿煤炭产品在用户企业的使用情况，征询用户企业对枣矿煤炭产品的质量要求、采购需求及营销服务意见和建议，推介精煤新品种，枣矿集团不定期地召开重点用户技术交流会、商务服务交流会及外聘技术专家座谈会，为进一步扩大合作奠定了基础。

三是邀请用户企业的技术专家来集团公司进行选煤、煤质技术培训。例如，在2016年9月举办的第二期“枣矿集团选煤、煤质技术培训班”上，来自××钢铁（集团）公司、××钢铁股份有限公司、××钢铁集团有限公司的三位技术专家给110位各矿选煤、煤质管理技术人员进行了培训。通过学习培训，提高了枣矿集团选煤、煤质管理队伍的整体素质，并为下一步的煤质基层合作管控指明了方向。

四是提前与用户进行质量指标沟通，减少质量纠纷发生。多年来，煤炭企业发运煤炭产品，质量指标一般是随着结算单一起传递给用户，时间上比较滞后，易产生质量纠纷。为避免这一问题，枣矿集团制定了《关于加强与用户煤质信息交流的管理规定》（见附录二），第一时间将发运煤炭产品的质量指标信息采用邮件、短信等方式发送给重点用户的技术人员，遇到井下采面变化或指标波动较大时，及时进行电话沟通，用户技术人员在煤炭产品还没有到达就可以掌握质量情况。这种将事后通知改为事前沟通的煤质管控合作方式极大地方便了用户配煤使用，用极小的事前管控投入避免了较大的事后纠纷补救成本。2016年，枣矿集团与重点用户实现了零质量纠纷，大幅提高了用户满意度，降低了双方纠纷补救成本，真正实现了供需双赢。

五是各生产矿井利用微信群对矿井的产销情况、煤质指标以及一些市场资讯进行即时沟通；充分运用QQ、微信、微博、煤炭交易平台等载体，每天发布煤炭价格、产品种类、发热量等信息，实现了网络平台的宣传推介。

4. 用差异化产品服务用户

随着钢铁市场、煤炭市场的变化，降低原料成本、选择性价比高的原材料，优化炼焦配比方案，成为焦化企业重要的工作内容之一。为此，枣矿集团按照“私人订制”的要求，对生产矿井的煤炭产品结构进行了大幅度优化调整。

枣矿集团在滕南煤田有柴里煤矿、蒋庄煤矿、田陈煤矿、高庄煤业公司、付村煤业公司5对生产矿井，煤种一直以来通归为1/3焦煤，但不同矿点之间的煤质指标特别是焦化指标有较大差异，简单笼统的产品分类既不利于用户精确调控配比、稳定焦炭质量，也易因频繁更换供货矿点造成质量指标波动较大而产生纠纷。为解决这一问题，枣矿集团与中国矿业大学、××钢铁（集团）公司、××钢铁股份有限公司等单位的外聘专家一起对滕南煤田5对矿井的精煤产品进行了深入研究，对各矿井的1/3焦煤按照灰分和硫分的不同重新定义细分为三类：付村煤业公司的精煤定义为优质1/3焦煤，高庄煤业公司的精煤定义为标准1/3焦煤，柴里、蒋庄、田陈三矿的精煤定义为1/3焦煤Ⅱ，分别对接不同的目标市场。煤质细化分类推进了固定矿点发运和用户精确使用，避免了频繁更换矿点造成的质量差异，稳定了用户焦炭质量，满足了不同客户的需求，降低了用户的成本，有力地促进了精煤销售，“枣矿煤”也因此受到了客户的青睐。

在尽力满足用户需求的同时，枣矿集团立足矿井煤质实际，秉承“把合适的煤卖给合适的用户”的理念，积极引导用户改变使用配煤结构，实现了供需双赢。例如，田陈煤矿2016年上半年一直生产灰分大于9%的3#精煤，下半年因井下煤质变化，精煤灰分一直偏低。通过与山东××煤化有限责任公司、徐州××化工有限公司等用户多次进行交流，促成用户采用了田陈煤矿提供的“提高主焦精煤、肥精煤灰分，降低1/3焦精煤灰分”的配煤方案。既保证了焦炭质量、节约了用户综合采购成本，又使用户按原来用量采购田陈煤矿新开发的灰分8%～9%的2#精煤，为田陈煤矿每吨精煤提高售价20元，每月增加效益200多万元。

四、优化运输结构，拓宽销售渠道

近年来，随着煤炭市场的跳水式下滑，便捷、低成本的物流运输成为了竞争的重要砝码。为此，枣矿集团科学决策，坚持以运输结构的调整支撑市场布局的优化，充分发挥临近铁路、港口的区位优势，搭建铁运、汽运、水运立体化运输体系，努力拓宽销售渠道。

铁路运输是我国煤炭运输的主导方式，发挥着突出的骨干作用。枣矿集团铁路运输处积极顺应集团公司“产销深度协同”战略，全力转思路、调结构、强管理、降成本、控费用，顶住路车外运量下降压力，积极拓展自备列车跨矿运输业务，为矿区煤炭生产和销售工作提供了快捷、便利的运输服务。

枣矿集团还利用集团公司铁路运输处尹洼集配站地处生产矿井中心地带，距各生产矿井运距较近，铁路运输方便、灵活、可靠，可直接解决货源与运输的衔接问题等优势，成立了煤炭转运仓储中心，吸引了大批沿江、沿河的煤炭用户，进一步拓宽了销售渠道。同时，充分利用煤炭转运仓储中心的区位优势，加大内部矿井跨矿入洗配销力度，推动煤种互补、煤质互配，实现了效益最大化。

为降低运输成本，枣矿集团还借助地处京杭大运河的区位优势，大力推进精煤水运工程建设，着力打造铁水联运的大格局。目前，水运占到运输的20%，吨煤运输成本较车运降低30～70元；地销精煤占到销量的49%。不仅拓宽了精煤销路，还为用户降低了运输费用，实现了互惠共赢。蒋庄煤矿利用选煤厂技改时机建设了仓存精煤汽车装车系统，开通了地销精煤渠道；利用矿井紧邻微山湖、内河港口发达的优越地理位置，打通了汽水联运通道，使矿井的营销渠道形成了黄金三角，铁运、汽运、水运路路畅通。

过去，枣矿精煤主要供应××钢铁（集团）公司、××集团有限公司、××钢铁股份有限公司、××（集团）控股有限公司等钢铁行业的企业，但随着钢铁行业形势的下滑及环保压力的加大，对煤炭需求产生了严重的冲击。为此，枣矿集团早做打算，通过调研周边100公里范围内的独立焦化企业，率先打入济宁市等周边焦化市场，为开拓新的精煤销售市场创出了一条新路。

目前，枣矿集团已经拥有铁运、汽运、水运、铁水联运、汽水联运、自备列车运输等多种运输方式，可以根据客户需要提供更多选择、更经济实惠的运输服务方式和解决方案。并进一步优化了市场布局，在巩固老客户的基础上形成了辐射周边的销售网络，实现了销售途径多元化。

第二节　枣矿集团煤炭产销协同的主要保障措施

在做好上述工作的同时，枣矿集团主要通过加强信息共享、推进“双化”建设（自动化和智能化建设），完善系统、优化工艺，加强产品研发等措施来保障煤炭产销协同的有效实施。

一、加强信息共享，推进“双化”建设

1. 加强信息共享，及时调整产销

一是各生产矿井借助集团公司运销部门熟悉掌握周边矿井煤种、煤

质、煤价等情况的有利条件，共同研究测算最佳配煤效益，积极开展跨矿入洗业务，真正实现了"不增产量增销量"。

二是打通专业壁垒，努力消除煤炭产销环节中信息不对称或滞后问题。生产矿井与集团公司煤质管理等部门一起，不定期地召开供需技术交流会，通过走出去、请进来等方式，让专家意见、用户需求等信息直达矿井生产一线，并及时调整生产组织。

三是强化信息服务。借助大数据管理平台，建立"采区煤质档案"，通过对采区赋存及煤质化验结果进行分析总结，为及时优化调整销售流向提供科学依据；建立"用户需求档案"，全面分析用户需求数量、品种等信息，组织同质、同类产品定点生产。

2. 推进"双化"建设，确保稳量提效

坚持以"科技驱动"代替"人力驱动"，着力解决因装备水平落后带来的用人增多、效率低下、影响安全等问题，不断提升自动化、智能化生产水平。

一是推进自动化建设。在滨湖煤矿建成国内首个薄煤层自动化生产矿井，采煤用工减少50%，劳动工效提高2倍，并具备单面月产10万吨能力；付村煤业公司应用全国首套大采高自动化生产机组，精简人员近60%，人均工效提高3.5倍，打造了60人区队稳住全矿年产量的新亮点；柴里煤矿建成使用了原煤重介浅槽排矸系统，有效提高了原煤系统的自动化水平，矸石带煤由4%降至1%以下，整体洗煤分选效果、综合回收率、精煤产率得到明显的提升；蒋庄煤矿在精煤汽车装车系统中，首创设计了可伸缩式装车漏斗和压煤装置，实现了装车一次满载成型，杜绝了铲车二次配装，效率提高了两倍，创出了地销精煤日发运6700吨、月发运15.7万吨的新水平。

二是推进智能化建设。实施智能选煤厂创建，洗煤处理能力提高20%，其中仅自动装车系统一项就精简人员40%以上；实施辅助运输

“天猫工程”，借助无线通信和物流配送大数据，运输效率和车皮循环利用率分别提升25%以上。滨湖煤矿经过反复调研论证，投资装备了一套“薄煤层顺槽可视智能化远程割煤‘三机’配套”系统，成为山东省第一家应用该系统的矿井。该设备自投入使用以来，迅速提升了矿井产能，取得了理想的效果，实现用工压缩50%、工效提高40%、混煤提质800～1000大卡/千克。

通过不断推进自动化、智能化建设，促进了枣矿集团煤炭生产组织方式的新变革。2017年以来，付村煤业公司、新安煤业公司、蒋庄煤矿、柴里煤矿等生产矿井先后取消夜班生产，切实减轻了职工的劳动强度，消除了夜班生产的安全隐患，大幅降低了运行成本，让煤矿这一“特殊行业”回归正常，让职工作息规律回归科学，真正实现了“体面劳动、尊严生活”，深受干部职工的好评，也激发了他们干事创业的激情，促进了“人机相宜”，实现了“减时不减量、减班不减产”。

二、完善生产系统，优化加工工艺

1. 完善生产系统

为有效实施煤炭产销协同，枣矿集团采取一系列措施对煤炭生产系统进行了完善。

一是从采面设计抓起，落实好井下高低硫、高低灰工作面的配采，推广掏矸助采。

二是在运输环节新增了煤矸分离、人工手选等系统，同时通过补打煤仓实施大系统改造，增强生产缓冲和煤质调节能力。付村煤业公司进行了井下原煤生产系统完善升级，完工后煤仓储存量增加到1万吨，既为满足提升需要、实行夜班不生产奠定了基础，也为不同煤质的采面实行分采分储、均匀配比提升创造了条件；高庄煤业公司补打了容量6000吨的3#煤仓，为实现3上、3下煤配采配提创造了条件；滨湖煤矿补打了容量1800吨的煤仓，实现了12层煤与16层煤的彻底分离，为生产差异化产品、满足不同用户需求创造了条件。

三是优化技术工艺，大力推广岩巷快速掘进、深部支护、中厚煤层沿空留巷等先进工艺和技术，实现了稳定、有序、高效生产。

四是顺应环保政策趋紧的新形势，全面推动无尘化绿色矿山建设，大力实施“以仓代场”工程，以全封闭自动装车系统代替露天煤场，实现了“矿井出煤不见煤”的目标。

2. 实施选煤厂技术改造

近年来，枣矿集团本部原煤产量始终保持在2000万吨以上，品种比较单一，但选煤厂入洗能力在1200万吨/年，每年还有近1000万吨的原煤直接销售，在一定程度上挤压了利润空间。为进一步提高煤炭产品质量、改变精煤产品单一的格局，为用户提供更加优质稳定、灵活多样的精煤产品，枣矿集团累计投资5亿多元，新建了两个炼焦煤选煤厂，并对矿区选煤厂实施了原煤车间系统改造、洗煤工艺及设备改造、煤炭储装运系统改造等多项技改升级、扩容改造工程。

新安煤业公司和滨湖煤矿主产气精煤和气肥煤，一直都作为动力用煤进行销售，使用渠道单一，受市场波动影响大，销售特别困难。枣矿集团果断投资2亿元先后建成了新安、滨湖炼焦煤选煤厂，使得新安煤业公司气精煤和滨湖煤矿气肥精煤也能走进焦炉，丰富了销售渠道。目前新安煤业公司气精煤月产销量达到12万余吨，滨湖煤矿高硫气肥精煤月产销量达到3万吨，彻底扭转了两矿销售被动局面。

柴里煤矿是一个有着50余年开采历史的老矿井，随着开采年限的延长，原煤产量逐渐下降，矿井生产的精煤尚不能满足周边焦化企业的用量需求。为此，枣矿集团充分利用柴里煤矿自身的区位优势，对该矿洗选设备进行了全面改造，并在原有运输能力30万吨/年的简易外来煤卸车系统基础上扩建了一套120万吨/年的外来煤卸车系统，根据矿井产量、煤质等实际开展跨矿入洗业务，实现了产量与质量的取长补短。

通过实施选煤厂技改升级、扩容改造工程，枣矿集团原煤入洗能力由 1200 万吨/年提升到 1700 余万吨/年，精煤生产能力提升到 1100 万吨/年；各生产矿井精煤回收率均有不同程度的提高，集团公司整体精煤回收率提高了 4% 以上，年可增加效益 1.5 亿元以上。并让原煤全入洗、跨矿入洗、洗配结合成为现实，黑色的煤炭变身洁净、绿色能源。同时，改善了产品结构，增加了产品附加值，掌握了市场主动权，为有效实施供给侧结构性改革、深入推进煤炭产销协同、由生产煤炭向经营煤炭转变提供了强大支撑。

3. 优化洗选加工工艺

工艺技术创新是企业发展的不竭动力，也是煤炭产销协同工作的重要内容，对优化调整产品结构起着重要作用。为深入推进煤炭产销协同，充分释放选煤厂技改后的洗煤能力，全面检测改造后的工艺系统性能，2016 年，枣矿集团组织了由国内知名高等院校教授、著名设计院的工程师以及有丰富现场经验的技术人员组成的专家组，对 7 对生产矿井的选煤厂进行了一次全面的技术分析会诊，共找出薄弱环节和问题 29 项，并逐项制定了科学的改进方案。整改后，全面提升了各选煤厂的生产工艺水平和质量管控水平，可提高精煤回收率 1.2%、每年增加效益 1 亿元以上。在此基础上，2017 年上半年，枣矿集团又有序推动了 7 个洗选配套升级项目。

通过不断进行系统完善和工艺优化，枣矿集团的煤炭产品品种进一步多样化，为实现“订单式”生产、满足用户个性化需求奠定了坚实的基础。目前 7 对矿井均可生产两种以上不同灰分、硫分等级的精煤产品（见表 4-2），满足不同用户的需求。煤炭产品由低端产品升级为高端产品、由单一品种变为多元品种，增加了市场适应能力，提高了抵御市场风险的能力，在市场中的竞争力大大增强。

表 4－2　枣矿集团本部 7 对生产矿井精煤品种统计表

序号	矿别	精煤品种	灰分(%)	水分(%)	硫分(%)	挥发分(%)	G 值(%)	Y 值(%)
1	柴里煤矿	2#精煤	8.0～9.0	9.0～10	0.65～0.85	37～38	79	11
		3#精煤	9～9.5	9.0～10	0.7～0.9	37～38.5	78	10.5
2	蒋庄煤矿	1#精煤	<8	<10	<0.8	38	80	11.5
		2#精煤	8.0～9.0	<10	0.8～0.9	38		
		3#精煤	9.0～9.5	<10	0.9～1.0	38		
3	田陈煤矿	2#精煤	8.0～9.0	9	<0.8	36～38	80	11.5
		3#精煤	9.0～9.5	9	<0.8	36～38	79	11
4	高庄煤业公司	1#精煤	<8	8.5	1	37	78～83	12～14
		2#精煤	8.0～9.0	8.5	0.9	37	76～81	11～14
		3#精煤	9.0～9.5	<10	0.9～1.0	38	75～80	11～14
5	付村煤业公司	1#精煤	<8	8.5～9.5	0.55～0.65	35～37	86～92	15～18
		2#精煤	8.0～9.0	8.5～9.5	0.55～0.65	36～37	85～90	14～17
6	新安煤业公司	1#精煤	<8	9.0～10	<0.8	37～38.5	68～72	10.5～11.5
		1#精煤	<8	9.0～10	<0.9	37～38.5		
		2#精煤	8.0～9.0	9.0～10	<0.8	37.5～38.5	66～71	10～11.5
		2#精煤	8.0～9.0	9.0～10	<0.9	37.5～38.5		
7	滨湖煤矿	气肥精煤	6.0～7.0	<9	2.5～3.0	44～45	95～100	18～27
		气肥精煤	7.0～8.0	<9	2.5～3.0	44～45	95～100	18～27

三、加强产品研发，开展课题合作

科技是高附加值的商业因素，是第一生产力。为更好地实施“煤炭产销深度协同”战略，2015 年 6 月，枣矿集团成立了煤炭产品研发中心，并将其定位为“客户集聚中心、市场孵化中心、品牌培育中心”，由集团公司主要领导担任主任，配备了强有力的工作人员，组建了技术研发队伍。

在经济发展新常态下，钢铁、焦化企业也面临激烈的市场竞争，努力降低成本成为上述企业的不二选择。上述企业降低成本最直接、最有效的途径就是选择供应渠道稳定、性价比最高的原料产品。枣矿集团之所以成立煤炭产品研发中心，一个主要目的就是以煤炭产品研发中心为平台，与广大用户、高校开展更深层次的交流与合作，集高校教授、用户配煤专家和企业煤炭生产加工技术人员的聪明才智为一体，紧紧抓住满足客户需求、为用户降低配煤成本这一合作切入点，按照“私人订制”的要求，为用户提供定制化服务和综合解决方案，实现与客户的深度对接，力求煤炭资源利用效益最大化。

自成立以来，煤炭产品研发中心在工作方式方法上灵活多样，既有会议交流、共同探讨，又有互访考察、专项对接，还有日常合作课题研发，有效的工作形式有力地促进了各项工作的开展。

煤炭产品研发中心的主要工作之一是与用户企业的焦化配煤专家一起对枣矿集团的煤炭产品进行深入研究，按照性价比最高的原则提出对煤炭产品的最佳指标要求，满足用户个性化需求和降低成本的需要，实现煤炭资源的效能最优化、效益最大化。为提升研究的针对性和满足客户对产品的个性化需求，煤炭产品研发中心与全国十余家知名院校及大型钢铁焦化企业建立了煤炭产品技术交流机制，与各大用户企业的配煤专家直接对接，根据客户需求确立研究课题，签订合作协议，联合进行定向技术攻关。先后从有关高校及用户企业聘请了14名技术专家，并与部分外聘技术专家签订了12项技术合作攻关课题（见表4－3），目前已全部按期完成并取得了丰硕成果，不仅推动了炼焦配煤技术的发展，也给枣矿集团和重点用户带来了实效。

表4－3 枣矿集团煤炭产品研发中心开展的合作课题

序号	题目	合作单位	签订日期
1	枣矿1/3焦精煤在××焦化中的配比使用	××（集团）控股有限公司	2015年6月
2	枣矿精煤在××焦化中的配比使用	××焦化股份有限公司	2015年6月
3	枣矿气精煤在炼焦中的配比使用	××钢铁（集团）公司	2015年6月
4	枣矿1/3焦精煤产品市场定位	中国矿业大学	2015年6月

续表

序号	题目	合作单位	签订日期
5	枣矿煤炭产品提质增效	中国矿业大学	2015 年 6 月
6	高硫精煤在炼焦中的配比使用	××化工有限公司	2015 年 6 月
7	枣矿 1/3 焦精煤在××焦化有限公司炼焦中的配比使用	××焦化有限公司	2015 年 11 月
8	枣矿 1/3 焦精煤在××铸管公司炼焦中的配比使用	××铸管有限责任公司	2015 年 11 月
9	枣矿 1/3 焦精煤在××焦化中的配比使用	××钢铁有限公司	2015 年 11 月
10	高硫小槽煤高效分选技术与炼焦配比技术研究	中国矿业大学	2016 年 10 月
11	枣矿高硫气肥精煤在××焦化中的配比使用	××（集团）控股有限公司	2016 年 10 月
12	低热值电厂燃料配制	滕州××低热值燃料热电有限公司	2016 年 10 月

2015 年 6 月签订了 6 项、11 月签订了 3 项合作攻关课题（见表 4－3）。课题的完成，既降低了用户炼焦成本又有力地促进了枣矿集团精煤的销售，可直接增加精煤销售 70 万吨，示范带动其他用户使用 150 万吨。例如，与××（集团）控股有限公司合作完成的《枣矿 1/3 焦精煤在××焦化中的配比使用》将枣矿 1/3 焦精煤配比由原来的 5% 提高到 10%；与××焦化股份有限公司合作完成的《枣矿精煤在××焦化中的配比使用》使××焦化股份有限公司将枣矿精煤配比确定为 10%；与××钢铁（集团）公司合作完成的《枣矿气精煤在炼焦中的配比使用》将新安煤业公司气精煤月使用量由原来的 2 万吨提高到 4 万吨；与××钢铁有限公司合作完成的《枣矿 1/3 焦精煤在××焦化中的配比使用》将枣矿精煤配比提高了一倍。

2016 年 10 月签订了 3 项合作攻关课题（见表 4－3）。一是与中国矿业大学合作开展了《高硫小槽煤高效分选技术与炼焦配比技术研究》，通过对滨湖煤矿高硫小槽煤煤质特性、可选性、细粒煤泥可浮性进行深入研究，选择科学先进的洗选加工工艺和设备，实现了滨湖煤矿高硫小槽煤的高效分选。二是与××（集团）控股有限公司合作开展了《枣矿高硫气肥精煤在××焦化中的配比使用》技术研究，通过对滨湖煤矿高硫气肥精煤的焦化指标、煤岩指标进行分析，找到了直接配入炼焦的途径，使滨湖煤矿高硫气肥精煤能够直接进入大型焦化企业使用。同时对枣矿高硫气肥精煤产品进行了准确合理的质量定位、市场定位，对主要战略用户产品质量需求的差异进行了分析，通过细分市场与产品，促进了销售。上述两项课题不仅对滨湖煤矿具有重大的现实作用，也将为枣矿集团其他矿井开采高硫小槽煤提供有益借鉴。三是与滕州××低热值燃料热电有限公司合作进行了《低热值电厂燃料配制》技术研究，通过对低热值电厂锅炉燃烧机理及最佳燃料指标要求进行深入探讨，同时根据各煤炭产品特别是洗煤副产品洗混煤、尾煤泥的质量指标情况，研究采用新技术、新工艺将低热值洗煤副产品加工成电厂燃料，实现了煤炭资源的高效清洁利用。

自成立以来，煤炭产品研发中心充分发挥矿井生产与用户使用的桥梁纽带作用，对内深化煤炭产销协同深度，对外扩展服务交流广度，配合生产矿井立足采场抓质量，服务销售部门对接市场促开拓。根据枣矿集团自有煤种、煤质的优势和特点，结合重点客户需求和不同产品的价格走向，大力开发产销对路、经济适用的新产品，相继开发了气精煤、气肥精煤、中硫1/3焦、高硫1/3焦等十几个新精煤品种，使企业煤炭产品品种更加丰富，并彻底改变了原有单一的低灰低硫1/3焦精煤的生产销售格局，大幅提升了“枣矿煤”在重点用户炼焦配比中的份额。目前，新产品销量已占精煤总销量的25%以上，有效释放了资源效能，降低了用户配煤成本，增强了产品的市场适应性，较大幅度地提高了枣矿集团精煤产品的销量；原煤入洗率由2014年的48%提高到2016年的76%，使大量炼焦煤资源得到清洁高效利用，既增加了企业的经济效益，也创造了无形的社会效益。同时，煤炭产品研发中心在做好与用户的技术交流与沟通，为用户提供能源综合利用方案；科学合理地指导各生产矿井调整产品结构，引导煤炭生产真正做到市场对接采场、推进“订单式生产、个性化服务”等方面也发挥了巨大作用，促成了枣矿集团与用户企业由“各自为战”向“协同配合”转变，实现了优势互补、强强联合、合作共赢。

第五章

枣矿集团生产矿井煤炭产销协同的具体实践

2015 年下半年以来，枣矿集团本部高庄煤业公司、新安煤业公司、付村煤业公司、蒋庄煤矿、田陈煤矿、柴里煤矿、滨湖煤矿 7 对骨干生产矿井按照集团公司的统一部署，立足自身实际，科学分析采场，积极对接市场，以稳产提质为中心，采取有力措施深入推进煤炭产销协同工作，有效地保障了枣矿集团“煤炭产销深度协同”战略的实施。为更全面、更完整地揭示枣矿集团煤炭产销协同的实施情况和实践经验，本章以下内容，对枣矿集团本部 7 对骨干生产矿井煤炭产销协同的实施情况进行阐述。一是对高庄煤业公司煤炭产销协同的实施情况进行详细阐述；二是对其他 6 对生产矿井煤炭产销协同的典型案例进行介绍。

第一节　高庄煤业公司煤炭产销协同的实施情况

2015 年下半年以来，高庄煤业公司紧紧围绕枣矿集团“变生产煤炭为经营煤炭”的理念，以客户满意度最大化和公司效益最大化为目标，深入推进煤炭产销协同工作。公司创建煤炭产销协同工作室，以此为平台，融合生产和销售主体责任部门，深化生产源头与市场龙头的联动性，使采场与市场高度对接，形成了产销一体化联动机制，推动了煤炭产销协同工作高效开展。

一、夯实煤炭产销协同基础工作

1. 确立煤炭产销协同的基本原则

一是坚持"采场与市场、生产与销售"协同一体化原则。有效将"采场与市场、生产与销售"对接，科学制定保障措施，加强对生产、洗煤、配煤、煤质、运输、销售等环节的管控，构建产销一体化联动体系。

二是坚持"分工与协同、局部与整体"一盘棋原则。树立全公司上下一盘棋的思想，进一步细化内部单位分工、明确职责；以"煤质、销售"为核心，建立完善生产链、销售链、信息链之间的协同及反馈机制。

三是坚持"以市场为中心，产销互促增质增价"原则。以客户为中心，以市场需求为价值导向倒逼采场生产及洗煤加工，通过源头超前设计、质量管控、洗选加工等价值环节实现煤炭产品的增值增价，推动及促进产品销售，扩大有效供给，实现客户满意度最大化和公司效益最大化的目标。

2. 加强煤炭产销协同的组织领导

（1）为确保煤炭产销协同顺利运行、发挥实效，高庄煤业公司按照"统一指挥、逐级负责"的原则，建立完善了"煤炭产销协同领导小组、煤炭产销协同工作小组、煤炭产销协同工作室"三层级组织保障体系。领导小组由公司经理、党委书记兼任组长，财务总监、生产副矿长、掘进副矿长、机电副矿长、总工程师兼任副组长，各专业副总为成员；工作小组由公司财务总监兼任组长，经营副总、煤质运销科科长兼任副组长，财务科、综考办、规划发展科、生产科、综采办、调度室、地质测量科、设计室、选煤厂、煤质计量中心等科室主管领导为成员；工作室由来自销售、煤质管控、洗选加工、生产调度等一线岗位的工作人员组成。

（2）以标杆管理为手段，创建“两图一表”（煤炭产销协同工作室功能模块图、工作流程图及工作流程标准表），明确了煤炭产销协同工作室的工作职责、工作流程及工作流程标准。

①煤炭产销协同工作室的具体工作职责如下（见图5－1）：

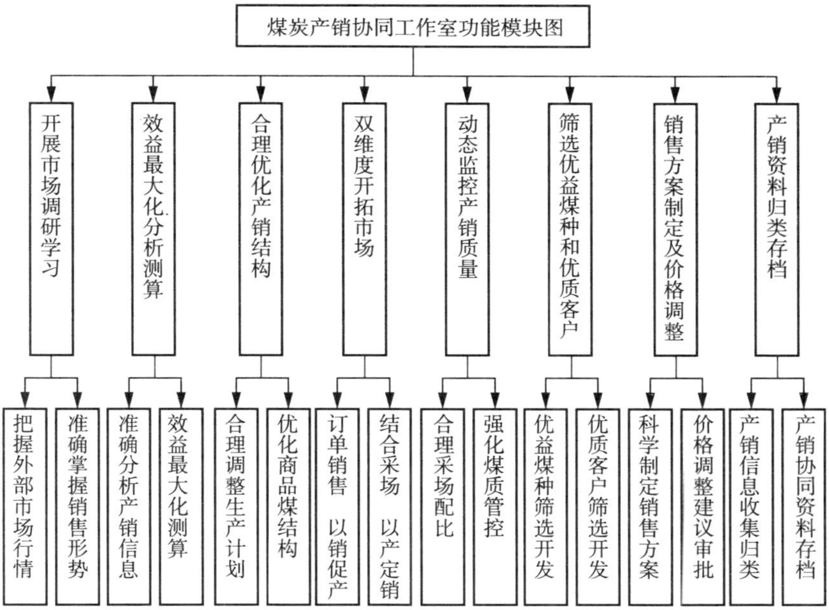

图5－1　高庄煤业公司煤炭产销协同工作室功能模块图

一是负责公司煤炭产销协同工作的日常管理。以集团公司大精煤战略为主线，积极开展市场调研，精确把握煤炭市场行情和集团公司内部销售形势，按照客户满意度最大化和公司效益最大化的原则，及时研究制定销售策略，保证产销平衡。

二是科学制定商品煤销售计划，每周动态预测商品销售情况，准确分析产销信息，进行效益最大化测算。

三是科学优化商品煤销售结构，全面掌握煤质状况，不断研发新品种，拓宽销售渠道，促进商品煤结构多元化；建设性地提出“洗煤品种、配采、配提、配洗、配装、运输”方案，不断优化产品结构。

四是从两个维度开拓市场。一是以市场为导向，以现有客户为基础，按照“客户需要什么产品就生产什么产品”的原则，实施订单式生产，有效提升客户对公司煤炭产品的使用量，同时全面抓好商品煤生产过程中各个环节的管控，实现提质增效。二是以公司生产地质条件、原煤质量为中心，确定“卖什么煤”；围绕煤质积极开拓新客户；根据公司采场实际，服务生产。

五是动态监控各工作面的煤质状况。当工作面煤质发生较大变化时，要提前5~7日进行预警、通报，并制定相应的保障措施，调整相应的销售方案，及时与客户进行沟通，使各环节的信息流畅通。

六是动态监控商品煤销售价格、销售收入，根据市场行情变化，及时制定合理的销售方案及价格调整建议，并报产销协同工作小组审议、提交产销协同领导小组研究确定后，将价格调整建议报集团公司审批。

七是定期进行市场调研，走访客户，重点对“现有客户+新开发客户”按批次进行效益最大化分析测算，从中筛选出信誉好、使用量大、回款快的优质客户。

八是对煤炭客户的基本信息、各种测算分析资料、内部规章制度及煤炭产销协同相关会议纪要等材料进行归类存档。

②煤炭产销协同工作室的工作流程如图 5－2 所示。

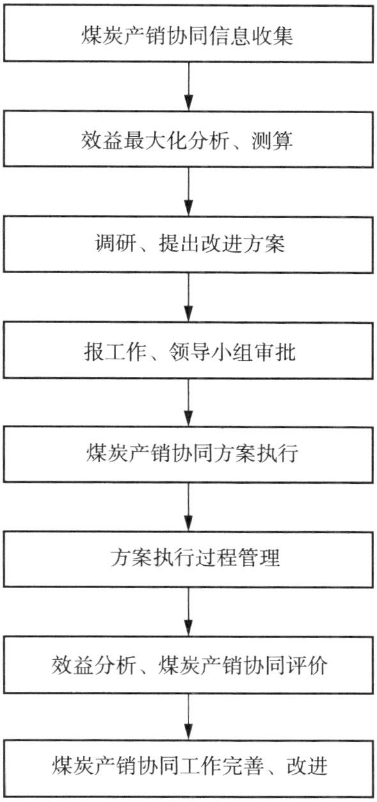

图 5－2　高庄煤业公司煤炭产销协同工作室工作流程图

③煤炭产销协同工作室的工作流程标准如表 5－1 所示。

表 5－1　煤炭产销协同工作室工作流程标准表

序号	要素	标准
1	煤炭产销协同信息收集	及时收集矿井源头生产、回采工作面地质和煤质状况、3 上与 3 下煤配比参数、产品洗选加工、商品煤销售等方面的信息，并组织对相关信息进行筛选、归档，用于公司效益最大化分析测算
2	效益最大化分析测算	对收集的信息进行分析测算，重点分析制约公司效益最大化的因素及关键点，科学优化产品产销结构，研究制定最优的煤炭产销协同方案

续表

序号	要素	标准
3	调研、提出改进方案	针对制约公司效益最大化的因素及关键点，积极开展市场调研，认真对标相关企业单位，对配采、配提、配洗、配装、销售等方面存在的影响公司效益最大化的问题提出建设性的改进建议
4	报工作、领导小组研究、审批	及时将提出的改进建议报煤炭产销协同工作小组，工作小组进行研究后报煤炭产销协同领导小组审批
5	煤炭产销协同方案执行	根据领导小组的审批意见，严格按照审批要求及煤炭产销协同方案实施
6	方案执行过程管理	加强煤炭产销协同方案执行过程的监管工作，及时收集方案执行过程中的相关信息，对执行过程中出现的偏差及时进行纠偏，确保煤炭产销协同方案顺利有效的实施
7	效益分析、煤炭产销协同评价	煤炭产销协同方案执行完毕后，要对方案的运行、效益等情况进行收集、分析，并给出评价
8	煤炭产销协同工作完善、改进	总结煤炭产销协同方案运行过程中存在的问题，对不足之处提出整改建议报煤炭产销协同工作小组、领导小组，进一步完善、改进

3. 完善煤炭产销协同运行机制

（1）每日召开煤炭产销协同日碰头会，会议对前一天的煤炭产销协同工作进行交流评价，各专业对相关的产、质、销工作进行通报、分析，销售部门及时通报近期大列发运计划情况，明确客户所需煤种及质量要求等信息，确保产、质、销及时联动，保证商品煤质量满足客户需求。

（2）每周四召开煤炭产销协同周工作例会，会议主要对上周商品煤销售计划完成情况及商品煤产品结构、煤质管控重点、运输方式、客户开发方向、客户信息反馈等情况进行总结分析，对下周重点工作进行安排并制定计划。会议由公司财务总监牵头，产销协同工作小组、工作室全体人员参加，并形成会议纪要，报产销协同领导小组审阅。每周五，在早调会上进行通报。

（3）每月初，将煤炭产销协同运行分析会与公司经济运行分析会合并召开，将经营管理与煤炭产销协同流程管控有机的融合，既要分析效益最大化情况，也要分析煤炭产销全流程管控情况。

（4）每月 27 日前，召开煤炭产销协同月度工作例会，会议主要研究制定公司下月的煤炭产销协同方案，总结当月煤炭产销协同工作中存在的问题和经验做法。会议由公司财务总监牵头，煤炭产销协同工作小组、工作室全体人员参加，并形成报告，报领导小组审批。

（5）每年 11 月中旬前，由公司总工程师牵头，煤炭产销协同工作小组、工作室全体人员参加，根据矿井开拓计划、采掘工作面地质资料、煤质分析数据，全面预测预报下一年度公司煤质情况及各类煤炭产品的产量、质量指标，由煤质计量中心编写年度煤质调查报告并上报集团公司。

（6）建立煤炭产销协同能效评价机制，由产销协同工作室具体负责实施，每月 5 日前完成。重点总结各项任务目标完成情况、取得的成绩，客观评价存在的问题，同时，制定完善保障措施。

4. 明确煤炭产销协同相关部门的职责

（1）地质测量科的主要职责：一是每月 19 日前编制月度地质说明书，科学开展地质预报，对影响煤质的地质构造、煤层厚度变化、夹矸情况、顶底板岩性进行详细预报；二是当遇到地质构造复杂区段、变化较大的情况时，要在 24 小时内编制临时性预报，并第一时间报送煤炭产销协同工作室及采掘相关单位。

（2）设计室的主要职责：严把源头设计关口，精优、精准设计，严格按照煤矿安全生产法律法规及上级的有关规定，参照矿井发展规划和生产作业计划，根据地质、水文、瓦斯、矿压等观测资料，优化各生产系统，选择最佳的采煤方法、采煤工艺、巷道布置方式，突出设计先行，全面优化工作面开采工艺工序、采场接续及布局，科学制定 3 上、3 下煤的配采比例，将煤质管控从设计源头进行防控、布控，超前谋划，提升生产工艺与地质条件、设备选型、煤层赋存的匹配度。

（3）综采办的主要职责：一是每月20日前，根据地质测量科报送的各生产面的地质构造预测情况排出下一个月的月度生产计划，并将生产计划与地质构造情况一同报送煤质计量中心。二是要全面抓好采煤工作面推采过程中的层位控制，重点加强过断层期间的煤质管控，确保最大限度地减少割矸量，保证公司煤质。

（4）生产科的主要职责：一是深入现场，科学合理地组织施工掘进，当掘进工作面遇到地质构造时要及时调整好层位，矸石要做到分装分运；二是加大对煤流系统的巡查力度，杜绝皮带淋水现象发生，严禁喷浆回弹料、塑料袋等脏杂物进入煤流系统。

（5）调度室的主要职责：科学合理地调度原煤生产和提升，加大对煤流系统中配采、配提、配洗、配装等环节的督查与控制，严格落实执行公司下达的各项控硫提质措施，确保3上、3下工作面合理配采，确保原煤分时入仓、合理配洗，确保精准掌控混煤、精煤仓储量，保证公司商品煤煤质达标。

（6）选煤厂的主要职责：一是加大洗选产品过程控制，科学合理地调整重介系统洗选参数，做好洗精煤生产过程中的检测化验，及时分析产品指标并制定相应的保障措施，确保精煤各项指标合格；二是加强手选拣矸、动筛降灰的日常管控，确保大于200mm的矸石及时拣出、大于50mm的矸石拣出率不低于85%、入仓混煤的粒度小于50mm；三是每月22日前，要根据煤质计量中心提供的煤质数据等信息编制下月商品煤生产计划，并报送煤质运销科。

（7）煤质计量中心的主要职责：一是按照公司煤质管控办法，抓好煤质管理各个环节的预测预报，并及时反馈工作面煤质数据，科学调整公司生产配比，实现公司煤质达标；二是负责商品煤采、制、化工序的具体操作，并建立日常检查及煤样抽检台账，确保质级相符率达到100%，实现煤质零纠纷；三是每月21日前，根据综采办报送的月度生产计划与地质构造情况进行下月煤质预测，并将下月煤质预测资料连同以上收集的生产计划、地质构造情况一同报送选煤厂、煤质运销科。

（8）煤质运销科的主要职责：一是每月23日前，根据煤质计量中心、选煤厂提供的煤质、生产等信息编制下月商品煤销售计划，并报送煤炭产销协同工作室。二要根据地质、煤质预测预报，结合公司采场及产、质、销实际，超前谋划销售方案，适时开发与公司采场相适应的客户群，以保证公司效益最大化。三要合理优混煤配装，确保发运混煤质量达标；做好煤炭销售及售后服务工作，满足客户需求。

二、科学制定煤炭产销协同方案

高庄煤业公司的煤炭产销协同方案，主要从采场及煤质情况分析、优益煤种筛选分析测算、优质客户分析排序、销售方案及生产计划的制定、公司整体效益预算、产销协同建议六个方面进行编制。以下以该公司2016年10月份的煤炭产销协同方案的编制为例进行说明。

1. 采场及煤质情况分析

高庄煤业公司2016年10月的生产工作面为3上301工作面、3下702工作面和3上502工作面，各工作面采场及煤质情况如下：

（1）3上301工作面

3上301工作面总体为一单斜构造，煤岩层产状较稳定。整体倾向为329°；煤岩层倾角3°～23°，平均13.6°，煤层厚度5.0～6.8m，平均厚度5.48m。本月该工作面无大构造影响。

3 上 301 工作面煤质情况如表 5－2 所示。

表 5－2　3 上 301 工作面煤质情况

指标 时间	预计毛煤质量热值（Q）Cal/g	预计硫分（St，d）%	地面处理后原煤质量热值（Q）Cal/g	上浮硫分（St，d）%
第一周	5500	0.79	5600	0.64
第二周	5500	0.79	5600	0.64
第三周	5500	0.79	5600	0.64
第四周	5500	0.79	5600	0.64
第五周	5500	0.79	5600	0.64

（2）3 下 702 工作面

3 下 702 工作面总体为一单斜构造，煤岩层产状较稳定。煤岩层倾角 8°～16°，平均 11.7°。工作面煤厚 2.4～4.25m，平均 3.9m。本月该工作面的主要影响因素：一是工作面受岩浆岩墙影响，沿工作面走向在面内延伸，约 4.5m 左右；二是 10 月中旬材料巷揭露 F47 支断层，向面内延伸，落差 1.6m。

3 下 702 工作面煤质情况如表 5－3 所示。

表 5－3　3 下 702 工作面煤质情况

指标 时间	预计毛煤质量热值（Q）Cal/g	预计硫分（St，d）%	地面处理后原煤质量热值（Q）Cal/g	上浮硫分（St，d）%
第一周	5250	1.36	5350	1.09
第二周	5250	1.36	5350	1.09
第三周	5250	1.36	5350	1.09
第四周	5200	1.36	5300	1.09
第五周	5200	1.36	5300	1.09

（3）3 上 502 工作面

3 上 502 工作面总体为一单斜构造，煤岩层产状较稳定，煤岩层倾角最小 15°、最大 20°，平均 15°左右。煤层厚度 4.2～5.4m，平均

5.0m。本月该工作面主要影响因素：DF9断层沿工作面走向向前延伸，落差6~8m，对回采和煤质都有较大影响。

3上502工作面煤质情况如表5-4所示。

表5-4　3上502工作面煤质情况

指标 时间	预计毛煤质量热值（Q）Cal/g	预计硫分（St，d）%	地面处理后原煤质量热值（Q）Cal/g	上浮硫分（St，d）%
第四周	5200	1.00	5300	0.78
第五周	5200	1.00	5300	0.78

（4）全月煤质综合预计

根据公司2016年10月份采场地质构造分析预报，结合公司对各生产工作面断层的跟踪观测情况，10月份公司煤质综合预计情况如表5-5所示。

表5-5　10月份煤质综合预计情况

指标 时间	预计毛煤质量热值（Q）Cal/g	预计硫分（St，d）%	地面处理后原煤质量热值（Q）Cal/g	上浮硫分（St，d）%
第一周	5400	1.02	5500	0.82
第二周	5400	1.02	5500	0.82
第三周	5400	1.02	5500	0.82
第四周	5348	1.01	5448	0.81
第五周	5348	1.01	5448	0.81

全月预计毛煤质量热值为5379大卡/公斤，硫分1.02%。经地面处理后原煤质量为5479大卡/公斤，上浮硫分0.82%。

2. 优益煤种筛选分析测算

高庄煤业公司把煤炭产品划分为精煤、副产品、混煤三个大类。根据灰分和硫分的高低，精煤又细分为1#精煤和2#精煤等多种产品；副产品包括洗混煤、煤泥和洗矸等。公司结合当前采场、煤质及销售情况，对煤炭产、质、销数据及时进行收集、归整，利用煤种效益分析测算模块（见图5－3），将1吨混煤生成的精煤产品和副产品的价值进行加和，减掉相应成本后与1吨混煤的价格进行比较，准确测算出销售哪种煤效益更高，从而有效指导生产和销售。

高庄煤业公司2016年10月份的优益煤种筛选分析测算情况如图5－3所示。

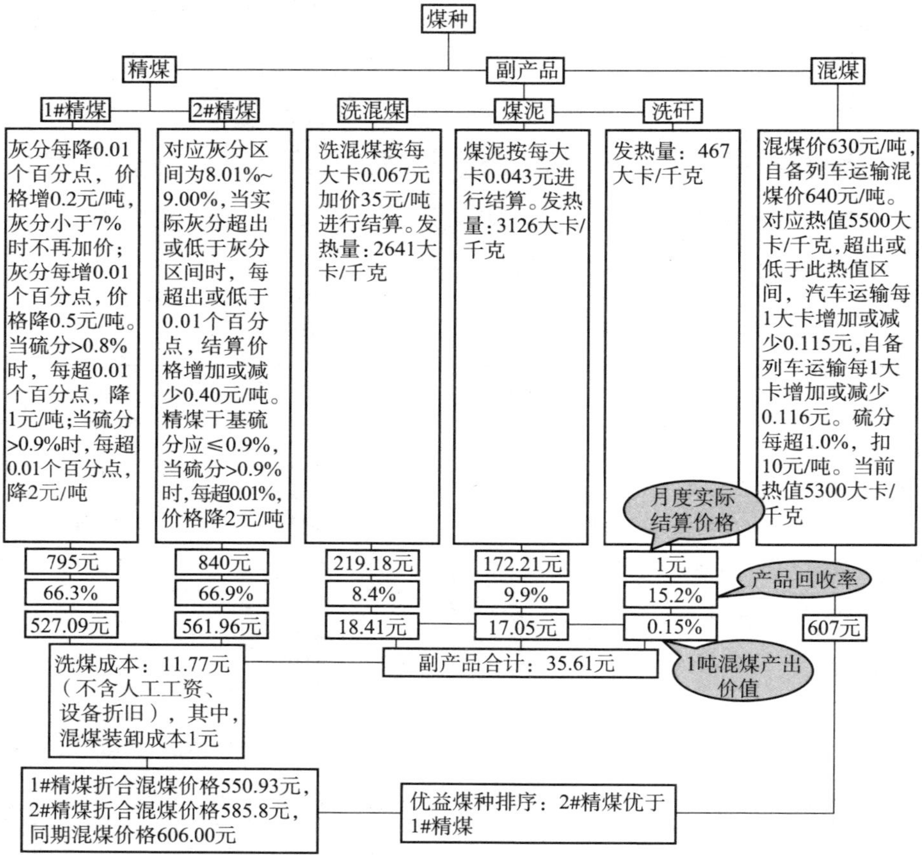

图5－3 高庄煤业公司2016年10月份优益煤种筛选分析测算情况

从图5－3中可以看出，1吨混煤如果加工成1#精煤，扣除洗煤成本，生成1#精煤产品与副产品的总值为550.93元；1吨混煤如果加工成2#精煤，生成2#精煤产品与副产品的总值为585.80元。与混煤扣除装卸成本后的价格606元/吨相比，销售混煤效益最大，其次是2#精煤、1#精煤。

一是如果直接销售混煤，较商品煤综合成本盈利314.83元/吨。

二是如果加工销售2#精煤，扣除洗煤加工费用后，较商品煤综合成本盈利294.63元/吨。

三是如果加工销售1#精煤，扣除洗煤加工费用后，较商品煤综合成本盈利259.76元/吨。

3. 优质客户分析排序

为实现销售工作的有的放矢，高庄煤业公司对商品煤客户按照以质计价、以运输费用、以销售价格、以资金回收情况四条主线进行排序，筛选出优质客户。

（1）以质计价排序

结合公司煤炭产品的实际情况，高庄煤业公司把客户划分为硫分要求宽松客户、一般客户和硫分要求严格客户。在煤炭产品硫分比较高的时候，高庄煤业公司会优先选择硫分要求宽松的客户，这样可以减少质量扣款，提高效益。以硫分为1.1%的商品煤为例，发运给硫分要求宽松的客户，如果对方的检测标准为硫分≤1.2%，硫分为1.1%的商品煤在范围之内，不会进行质量扣款。发运给硫分要求严格的客户，如果对方的检测标准为硫分≤0.9%，每超0.01个百分点，煤价就会降低2元/吨，含硫量1.1%的商品煤每吨就要扣50元。

2016年10月高庄煤业公司精煤客户以质计价排序如表5－6所示。

（2）以运输费用排序

高庄煤业公司有汽运、水运、铁运等多种运输方式，不同的运输方式产生的运输费用不同。经过对现有运输渠道的排列组合和长期的探索实践，公司形成了“汽运+船运”“自备列车+汽运+船运”以及国铁火车运输等三种主要的运输方式。公司坚持客户满意度最大化和公司效益最大化的原则，对不同的客户提供不同的运输方式。例如，对江西新余客户，选择国铁火车运输方式比“自备列车+汽运+船运”运输方式每吨少卖37元；而对安徽芜湖客户，选择“汽运+船运”运输方式又比“自备列车+汽运+船运”运输方式每吨多卖12元。近年来，为减少国家环保政策以及公路运输“限吨令”的影响，高庄煤业公司又对各种运输方式进行了对比、分析、研讨，更多地采用“汽运+船运”“自备列车+汽运+船运”的运输方式，实现了运输成本最低、经济效益最大，并极大地方便了客户。

2016年10月高庄煤业公司精煤客户以运输费用排序如表5－7所示。

（3）以销售价格排序

为确保企业效益最大化，如无特殊情况，高庄煤业公司会尽量把煤炭产品销售给合同销售价格高的客户。

2016年10月高庄煤业公司精煤客户以合同销售价格排序如表5－8所示。

（4）以资金回收情况排序

是否是信用客户、是否长期合作、付款方式是什么，也是高庄煤业公司选择客户的重要考虑因素。在日常销售中，公司会优先选择先付款后发货、资金回收快的客户，以保证公司资金的及时回流。

2016年10月高庄煤业公司精煤客户以资金回收情况排序如表5－9所示。

表 5-6　2016 年 10 月高庄煤业公司精煤客户以质计价排序表

（单位：元/吨）

序号	买受人	到站	煤种	质量指标	计价标准	矿场车板含税价	自备列车运费	装卸费	倒短费及港口费	船运费	出矿价格	备注
1	××铸管有限责任公司	广大	2#精煤	干基灰分 8.51% ~ 9.0%，计量水分 8%，干基全硫 ≤ 1.2%	灰分降低提高煤价，每降 0.01 个百分点，增 0.2 元/吨；灰分增加降低煤价，每增 0.01 个百分点，降 0.4 元/吨；灰分 < 7.51% 时，不再加价。当硫分 > 1.2% 时，每超 0.01 个百分点，降 2 元/吨	1000	19.2	6	12.5	49	913.3	硫分要求宽松客户
2	××焦化股份有限公司	青町	1#精煤	干基灰分 7.51% ~ 8.0%，计量水分 8%，干基全硫 ≤ 1%	灰分 < 7.00% 时，每降 0.01 个百分点，价格增 0.2 元/吨；灰分增加降低煤价，每增 0.01 个百分点，降 0.4 元/吨；灰分 > 8.50% 时，双方协商降价处理。当硫分 > 1% 时，每超 0.01 个百分点，降 2 元/吨	905					905	硫分要求宽松客户
3	××钢铁股份有限公司原燃料采购中心	马鞍山	1#精煤	干基灰分 7.51% ~ 8.0%，计量水分 8%，干基全硫 ≤ 0.9%	灰分增加降低煤价，每增 0.01 个百分点，价格降 0.4 元/吨。当硫分 > 0.9% 时，每超 0.01 个百分点，降 1.5 元/吨；当硫分 > 1.2% 时，每超 0.01 个百分点，降 2 元/吨	934.7					894.7	一般客户
4	××钢铁股份有限公司	梅桂营	1#精煤	干基灰分 7.51% ~ 8.0%，计量水分 8%，干基全硫 ≤ 0.9%	灰分增加降低煤价，每增 0.01 个百分点，价格降 0.4 元/吨。当硫分 > 0.9% 时，每超 0.01 个百分点，降 1 元/吨	984.7					934.7	一般客户

续表

序号	买受人	到站	煤种	质量指标	计价标准	矿场车板含税价	自备列车运费	装卸费	倒短费及港口费	船运费	出矿价格	备注
5	××钢铁有限公司	湘潭东	1#精煤	干基灰分7.51%～8.0%，计量水分8%，干基全硫≤0.8%	灰分每降0.01个百分点，价格增0.2元/吨，灰分<7%时，不再加价；灰分增加降低煤价，每增0.01个百分点，降0.5元/吨。当硫分>0.8%时，每超0.01个百分点，降1元/吨；当硫分>0.9%时，每超0.01个百分点，降2元/吨	958.2					878.2	硫分要求严格客户
6	集港	墟沟北、日照	1#精煤	干基灰分7.51%～8.0%，计量水分8%，干基全硫≤0.8%	灰分每降0.01个百分点，价格增0.2元/吨，灰分<7%时，不再加价；灰分每增0.01个百分点，降0.4元/吨。当硫分>0.8%时，每超0.01个百分点，降1元/吨；当硫分>0.9%时，每超0.01个百分点，降2元/吨	996.93	34.2	25.54	61.73		875.46	硫分要求严格客户

表5－7　2016年10月高庄煤业公司精煤客户以运输费用排序表

（单位：元/吨）

序号	买受人	到站	煤种	计价标准	矿场车板含税价	自备列车运费/国铁火车运费	装卸费	倒短费	船运费	费用合计	出矿价格	备注
1	××铸管有限责任公司	广大	2#精煤	灰分降低提高煤价，每降0.01个百分点，增0.2元/吨；灰分增加降低煤价，每增0.01个百分点，降0.4元/吨；灰分<7.51%时，不再加价。当硫分>1.2%时，每超0.01个百分点，降2元/吨	1000			29.26	49	78.26	921.74	汽运＋船运
		尹洼			1000	19.2	6	12.5	49	86.7	913.3	自备列车＋汽运＋船运

续表

序号	买受人	到站	煤种	计价标准	矿场车板含税价	自备列车运费/国铁火车运费	装卸费	倒短费	船运费	费用合计	出矿价格	备注
2	××钢铁有限公司	广大	1#精煤	灰分每降0.01个百分点，价格增0.2元/吨，灰分<7%时，不再加价；灰分增加降低煤价，每增0.01个百分点，降0.5元/吨。当硫分>0.8%时，每超0.01个百分点，降1元/吨；当硫分>0.9%时，每超0.01个百分点，降2元/吨	928.2	19.2	6	12.5		37.7	890.5	自备列车+汽运+船运
		尹洼			928.2	19.2	7	12.5		38.7	889.5	
		湘潭东			958.2	80					878.2	国铁火车运输
3	××钢铁股份有限公司	广大	2#精煤	灰分指标8.51%～9.0%，灰分在8.0%～8.50%区间时不再加价；灰分<8.0%时加价，每降0.01个百分点，增0.2元/吨；灰分增加降低煤价，每增0.01个百分点，降0.5元/吨。当硫分>0.9%时，每超0.01个百分点，降2元/吨	940.2	19.2	6	12.5		37.7	902.5	自备列车+汽运+船运
		新余			970	85					885	国铁火车运输

表5－8　2016年10月高庄煤业公司精煤客户以合同销售价格排序表

（单位：元/吨）

序号	买受人	到站	煤种	质量指标	计价标准	矿场车板含税价	自备列车运费/国铁火车运费	装卸费	倒短费	船运费	出矿价格	备注
1	山东××物资有限公司、微山县××贸易有限公司、微山县××物资有限公司、山东××机械有限公司	地销汽运、广大	2#精煤	干基灰分8.01%～9.0%，计量水分8%，干基全硫≤0.9%	当实际灰分超出或低于灰分区间时，每超出或低于0.01个百分点，结算价格增加或减少0.40元/吨。当硫分>0.9%时，每超0.01个百分点，降2元/吨	910					910	价格较高客户

续表

序号	买受人	到站	煤种	质量指标	计价标准	矿场车板含税价	自备列车运费/国铁火车运费	装卸费	倒短费	船运费	出矿价格	备注
2	山东××焦化有限公司、山东××新能源发展有限公司、江苏××物资贸易有限公司、山东××集团××能源有限公司	广大	2#精煤	干基灰分8.01%～9.0%，计量水分8%，干基全硫≤0.9%	当实际灰分超出或低于灰分区间时，每超出或低于0.01个百分点，结算价格增加或减少0.40元/吨。当硫分>0.9%时，每超0.01个百分点，降2元/吨	880					880	价格较高客户
3	××焦化股份有限公司	青町	1#精煤	干基灰分7.51%～8.0%，计量水分8%，干基全硫≤1%	灰分<7.00%时，每降0.01个百分点，价格增0.2元/吨；灰分增加降低煤价，每增0.01个百分点，降0.4元/吨；灰分>8.50%时，双方协商降价处理。当硫分>1%时，每超0.01个百分点，降2元/吨	905					859.75	价格较高客户
4	××钢铁股份有限公司原燃料采购中心	马鞍山	1#精煤	干基灰分7.51%～8.50%，计量水分8%，干基全硫≤0.9%	灰分每降0.01个百分点，增0.2元/吨，灰分<7%时，不再加价；灰分每增0.01个百分点，降0.4元/吨。硫分>0.9%时，每增0.01个百分点，降1.5元/吨；硫分>1.2%时，每增加0.01个百分点，降2元/吨	934.7	40				849.97	价格较低客户
5	××钢铁有限公司	广大	1#精煤	干基灰分7.51%～8.0%，计量水分8%，干基全硫≤0.8%	灰分每降0.01个百分点，增0.2元/吨，灰分<7%时，不再加价；灰分每增0.01个百分点，降0.4元/吨。当硫分>0.8%时，每超0.01个百分点，降1元/吨；当硫分>0.9%时，每超0.01个百分点，降2元/吨	928.2	19.2	6	12.5		845.98	价格较低客户

表 5-9　2016 年 10 月高庄煤业公司精煤客户以资金回收情况排序表

（单位：元/吨）

序号	买受人	到站	煤种	质量指标	计价标准	矿场车板含税价	出矿价格	备注
1	山东××物资有限公司、微山县××贸易有限公司、微山县××物资有限公司、山东××机械有限公司、山东××新能源发展有限公司	地销汽运、广大	2#精煤	干基灰分 8.01%～9.0%，计量水分 8%，干基全硫≤0.9%	当实际灰分超出或低于灰分区间时，每超出或低于 0.01 个百分点，结算价格增加或减少 0.40 元/吨。当硫分 >0.9% 时，每超 0.01 个百分点，降 2 元/吨	910	910	预付款，资金回收快，无资金风险
2	××焦化股份有限公司、××钢铁股份有限公司原燃料采购中心、××钢铁有限公司、××钢铁股份有限公司	青町、马鞍山、湘潭东、新余	1#精煤	干基灰分 7.51%～8.0%，计量水分 8%，干基全硫≤1%	灰分 <7% 时，每降 0.01 个百分点，价格增 0.2 元/吨；灰分增加降低煤价，每增 0.01 个百分点，降 0.4 元/吨；灰分 >8.50% 时，双方协商降价处理。当硫分 >1% 时，每超 0.01 个百分点，降 2 元/吨	942	895	滚动付款，资金回收较慢，长期合作，资金风险小
3	江苏××物资贸易有限公司、山东××实业有限公司	广大	2#精煤	干基灰分 8.01%～9.0%，计量水分 8%，干基全硫≤0.9%	当实际灰分超出或低于灰分区间时，每超出或低于 0.01 个百分点，结算价格增加或减少 0.40 元/吨。当硫分 >0.9% 时，每超 0.01 个百分点，降 2 元/吨	880	880	集团公司给予一定信用额度，达到额度后再付款，资金回收较慢，资金风险较大
4	山东××焦化有限公司、山东××集团××能源有限公司	广大	2#精煤	干基灰分 8.01%～9.0%，计量水分 8%，干基全硫≤0.9%	当实际灰分超出或低于灰分区间时，每超出或低于 0.01 个百分点，结算价格增加或减少 0.40 元/吨。当硫分 >0.9% 时，每超 0.01 个百分点，降 2 元/吨	880	880	赊销用户，下一个月付一部分款，资金回收慢，资金风险大
5	集港	墟沟北、日照	1#精煤	干基灰分 7.51%～8.50%，计量水分 8%，干基全硫≤0.8%	灰分每降 0.01 个百分点，增 0.2 元/吨，灰分 <7% 时，不再加价；灰分每增 0.01 个百分点，降 0.4 元/吨。当硫分 >0.8% 时，每超 0.01 个百分点，降 1 元/吨；当硫分 >0.9% 时，每超 0.01 个百分点，降 2 元/吨	901	799.14	山东能源集团统一调配销售，资金回收慢，周期长，风险较小

（5）排序结果汇总

根据当前影响销售效益的相关因素，结合10月份预计商品煤质量情况，对10月份客户结构按照以质计价、以运输费用、以销售价格、以资金回收情况四条主线进行筛选、排序，各煤种优质客户排序结果如下：

①2#精煤

第一，微山县××物资有限公司，合同价格910元/吨（不含税价格），该客户使用汽车发运，发运费用由客户承担，付款方式为预付款。该客户为公司周边市场用户。

第二，枣矿集团××商贸有限责任公司，合同价格885元/吨（含税价格），该客户使用自备列车倒运，倒运费用由客户承担，付款方式为预付款。该客户为公司周边市场用户。

②1#精煤

第一，××钢铁股份有限公司，合同价格984.7元/吨（含税价格），该客户使用国铁火车发运，铁路运输执行运费补贴优惠，价格优惠为50元/吨，现汇优惠20元/吨，出矿价格为934.7元/吨（含税价格），付款方式为预付款。由于该客户使用国铁火车发运，集团公司需收取5%的管理费用，对高庄煤业公司的结算价格为887.97元/吨（含税价格）。该客户为集团公司长期战略客户。

第二，××钢铁股份有限公司原燃料采购中心，合同价格为934.7元/吨（含税价格），该客户使用国铁火车发运，铁路运输执行运费补贴优惠，价格优惠为40元/吨，出矿价格为894.7元/吨（含税价格），付款方式为滚动付款，由于该客户使用国铁火车发运，集团公司需收取5%的管理费用，对高庄煤业公司的结算价格为849.97元/吨（含税价格）。该客户为集团公司长期战略客户。

通过优益煤种、优质客户分析排序，目前销售混煤效益最大，其次是2#精煤、1#精煤。虽然销售混煤效益最好，但混煤价格不稳定，按照集团公司立足长远、实施大精煤战略的要求，高庄煤业公司决定10月份以销售精煤为主，并在销售过程中，按照客户排序情况，优先销售给使用自备列车发运的优质2#精煤客户，以动态优化商品煤结构，实现销售效益最大化。

4. 销售方案及生产计划的制定

（1）销售方案的制定

按照当前客户需求及集团公司大精煤战略部署，高庄煤业公司10月份以销售精煤为主，对原煤进行全入洗加工销售。结合公司10月份采场实际情况，预计10月份公司商品煤销售总计28.7万吨。其中，精煤22万吨，洗混煤2.4万吨，煤泥4.3万吨。具体销售方案如下：

①精煤销售：主要销售方向见表5-10。

表5-10　高庄煤业公司2016年10月精煤主要销售方向

客户名称	运输方式	计划发运量（万吨）	
		1#精煤	2#精煤
山东××新能源发展有限公司	自备列车		1.5
山东××焦化有限公司	自备列车		1.5
山东××集团有限公司	自备列车	1.5	
枣矿集团××商贸有限责任公司	自备列车		2.5
山东××集团××能源有限公司	自备列车		1.5
山东××集团有限公司	自备列车		1.5
××钢铁股份有限公司	国铁火车		1
	自备列车		1.5
××钢铁集团××钢铁有限责任公司	国铁火车		1
	自备列车		1.5
微山县××物资有限公司	汽车		1.5
微山县××贸易有限公司	汽车		1.5

续表

客户名称	运输方式	计划发运量（万吨）	
		1#精煤	2#精煤
××钢铁有限公司	自备列车	1	
××钢铁股份有限公司	国铁火车	1	
××钢铁股份有限公司原燃料采购中心	国铁火车	1	
××焦化股份有限公司	国铁火车	1	
合计	22		

②洗混煤销售：计划向枣庄八一水煤浆热电有限责任公司发运2.4万吨。

③煤泥销售：计划向山东八一煤电化有限公司发运4.3万吨。

（2）生产计划的制定

为确保公司10月份商品煤销售28.7万吨，按照销售方案倒逼采场生产，计划如下：10月份，公司生产原煤33万吨。其中，3下702工作面10.5万吨，3上502工作面4.5万吨，3上301工作面16.5万吨，掘进煤1.5万吨。3上301工作面、3下702工作面全月生产，3上502工作面生产时间为10月21～31日。

5. 公司整体效益预算

（1）收入预算

公司10月份收入预算情况见表5－11。

表5－11 高庄煤业公司2016年10月收入预算情况

分类	销售单价（元）	计划销量（万吨）	计划收入（万元）	目标销量（万吨）	目标收入（万元）
精煤	552.48	22	12154.56	22.3	12320.3
洗混煤	162.39	2.4	389.74	2.5	405.98
煤泥	119.66	4.3	514.54	4.4	526.5
副业收入			50		50
合计		28.7	13108.84	29.2	13302.78

（2）支出预算

公司10月份各项支出预计9568.03万元。

（3）月度指标完成情况预测

如果原煤产量完成33万吨，商品煤销售完成28.7万吨，费用控制在9568.03万元以内，销售价格不再下行，在实现产销平衡的前提下，可实现利润约3541万元。

6. 产销协同建议

（1）地质测量科加强回采工作面遇地质构造期间的跟踪观测力度，对3上502工作面DF9断层、3下702工作面岩浆岩墙和F47支断层加强跟踪观测；煤质计量中心加大质量管控与煤质预测预报力度；地质测量科、煤质计量中心、综采办及相关生产区队强化协同力度，对采场生产及地质、煤质情况及时进行沟通。

（2）综采办及相关生产区队严把质量关，针对3上502工作面、3下702工作面断层与地质构造预报情况，及时制定生产及保煤质措施，合理调整好开采层位，最大限度地减少割矸量，确保公司原煤热值达标。

（3）按照公司生产计划安排，3上502工作面月初至当月20日将停产，21日恢复生产，预计该工作面停产、生产及采场地质构造变化期间，硫分将会有所波动。在地质测量科、煤质计量中心加强预测预报的同时，调度室合理制定3上502工作面、3下702工作面原煤配比、分仓储存以及原煤入洗措施，灵活运用仓储调控，确保商品煤质量合格。

（4）煤质运销科抓住公司10月份井下采面质量好转的有利时机，加大地销汽运高价精煤产品的发运量；适当安排××钢铁股份有限公司、××焦化股份有限公司等战略客户精煤的发运量，全力满足客户需求；加大××钢铁有限公司等优质客户的自备列车倒运装船力度，降低客户购煤成本，实现共赢。

（5）产销协同工作室、煤质运销科加大与煤炭客户的沟通力度，在日常工作中及时向有关客户通报公司井下采场、产量、质量等方面的信息，实地了解客户需求，并在客户开发上坚持“稳老拓新”原则，在满足老客户需求的前提下开发新客户，不断拓宽销售渠道，促进客户满意度最大化及公司效益最大化目标的实现。

由于枣矿集团的煤炭产品销售由山东能源集团统筹安排，因此，煤炭产销协同方案编制完毕后，高庄煤业公司会以“产品销售建议单”的形式将方案的主要内容及具体的产品销售建议上报山东能源集团枣庄营销处及集团公司相关处室（高庄煤业公司2016年10月份的产品销售建议单如表5－12所示），并依据审批后的方案开展原煤开采、洗选加工、销售及运输活动。

三、有效实施煤炭产销协同

为确保煤炭产销协同取得实效，高庄煤业公司大力实施事前、事中、事后全过程管控。事前，通过“三提升（优化开拓布局，提升效率；优化采面设计，提升产量；优化掏槽设计，提升煤质）”“三预测（采场情况预测、煤质情况预测、销售市场预测）”“三分析（优益煤种分析、优质客户分析、商品煤结构分析）”，合理优化产销布局，制定确保用户满意度最大化和公司效益最大化的煤炭产销协同方案。事中，一是通过实施源头生产、洗选加工“双控双提”，强化产、洗、销配比监管，保证公司商品煤达标；二是通过加大与上级营销部门的沟通联系、降低运输成本、积极开拓新市场和新用户、实施主动式售后服务等措施，全力保销售。事后，积极开展“四分析、四评价（煤炭产销协同方案执行分析评价、原煤及商品煤质量分析评价、产销联动过程分析评价、产销平衡分析评价）”活动，总结煤炭产销协同运行过程中存在

表 5－12　高庄煤业公司 2016 年 10 月产品销售建议单

一、产品结构预测预报								
	毛煤产量(万吨)	毛煤灰分(Ad)%	毛煤硫分(St,d)%	毛煤发热量(大卡)	上浮物灰分(Ad)%	上浮物硫分(St,d)%	上浮物挥发分(Vdaf)%	备注
3 上 301 工作面	16.50	21.0～21.0	0.70～0.90	5300～5700	5.4～6.5	0.58～0.79	36.0～37.6	
3 下 702 工作面	10.50	24.0～27.0	1.10～1.60	5100～5400	5.5～7.2	0.98～1.15	37.0～38.5	
3 上 502 工作面	4.50	24.0～27.0	0.84～1.05	5100～5400	5.5～6.8	0.64～0.89	37.2～38.5	
掘进煤	1.50							
合计	33.00	23.0～26.0	0.82～1.12	5200～5500	5.4～7.0	0.65～1.05	36.8～38.0	综合
	商品煤产量(万吨)	灰分(Ad)%	硫分(St,d)%	挥发分(Vdaf)%	水分(Mt)%	发热量(大卡)		
1#精煤	5.50	7.5～8.0	0.70～0.90	36.5～37.5	7.0～8.0			
2#精煤	16.50	8.0～9.0	0.75～0.96	36.5～37.5	7.0～8.0			
3#精煤								
混煤								
洗混煤	2.40	50.0～55.0	1.65～2.65		11.0～14.0	2300～2900		
煤泥	4.30	21.0～26.0	0.85～1.15		23.0～26.0	5000～5500		
二、优益煤种及优质客户排序								
优益煤种	2#精煤	优质客户	1. 微山县××物资有限公司;2. 枣矿集团××商贸有限责任公司					
	1#精煤	优质客户	1. ××钢铁股份有限公司;2. ××钢铁股份有限公司原燃料采购中心					
三、产品销售相关建议								
根据煤炭产销协同方案,高庄煤业公司 2016 年 10 月份计划销售精煤 22 万吨。为顺利完成 10 月份的精煤销售目标,经公司研究建议如下:1. 恳请山东能源集团枣庄营销处在 10 月份的火车大列及精煤水运安排上尽量给予倾斜。2. 高庄煤业公司 10 月份的生产将以低硫工作面为主,产量及煤质相对稳定,预计精煤平均硫分 0.75% 左右,能够满足优质低硫客户的需求,恳请山东能源集团枣庄营销处适当调整客户结构,多安排优质客户,并适时加大优质客户的自备列车倒运装船量。公司将全力以赴地配合山东能源集团枣庄营销处的工作,满足客户需求,确保实现客户满意度最大化和企业效益最大化的目标								

的问题，并进一步完善、改进。主要做法如下：

1. 坚持设计先行，加强源头把控

在煤炭产销协同具体运作中，高庄煤业公司坚持“设计先行”的原则，结合公司采场、地质、煤质实际，科学组织生产，优化工作面接续，合理配采配掘，确保生产工艺与地质条件相匹配、设备选型与煤层赋存相匹配，最大限度地保证了公司生产及原煤质量。同时，从生产源头狠抓施工质量与煤质管控，在工作面回采层位控制及掘进迎头煤矸分离上下大功夫，为煤炭产销协同工作的开展提供了强有力的保障。公司要求，煤质计量中心应每周至少两次对各采面、掘进面的地质情况进行现场跟踪，绘制素描图，做好煤质预测预报工作，及时掌握各工作面的煤质情况；地质测量科应每天对工作面断层情况进行素描，并与采煤单位加强联系沟通，指导采煤单位合理确定回采层位；掘进专业遇半煤岩、全岩时，煤、矸必须分装分运，严禁矸石进入煤流系统；各相关责任单位应加大对煤流系统的巡查力度，严禁脏杂物进入煤流系统，严禁有淋水等现象存在；井下相关岗位必须放置大锤头等工具，对皮带上发现的大块矸石及时进行破碎。

2. 抓好煤质管理，保证商品煤质量达标

高庄煤业公司从设计、生产、提升、配洗直到销售全流程入手，大力实施煤质全生命周期控制。公司变煤质指标为“煤质订单”，依据产销协同工作室测算的各采面煤质参数、配比系数，科学组织配采、配运；发挥主井四个煤仓及地面两个煤仓的调控优势，创新实施工作面错时生产、高低硫煤分仓储运，灵活调控3上、3下煤产能；对洗煤生产中的硫分、灰分等指标实行全过程检测，一旦精煤产品硫分检测值超标，立即启动煤质响应预案，对工作面配采比例进行二次调整；进一步加强商品煤的采制化管理，做好采制化项目的抽查、自检等工作，严格按国家标准执行，确保结果的准确性、可靠性，保证质级相符，杜绝煤质纠纷事故发生。通过采取以上措施，确保了商品煤质量达标，满足了客户需求。

3. 优化调整产销结构，释放洗煤产能

高庄煤业公司通过效益最大化测算、优益煤种及优质客户的筛选，结合公司采场及销售市场实际，对煤炭产销结构适时进行优化调整，确保了煤炭产销协同工作的有的放矢。例如，在2016年下半年煤炭价格持续上扬、市场形势不断好转的情况下，公司积极与上级营销部门加强沟通联系，动态测算效益最大化煤种，认真分析混煤价格空涨的原因，果断采取了“以集团公司大精煤战略为主线进行原煤全入洗、多销优质地销煤及用自备列车发运的高价市场户精煤、适时发运混煤，增加公司效益”的营销策略，既完全释放了公司洗煤产能，又确保了公司产销平衡及销售效益的最大化。

4. 加强市场调研，准确把握市场形势

市场需求是煤炭生产作业的指向标。高庄煤业公司要求煤炭产销协同相关部门通过外出调研、向兄弟单位对标学习、做好与客户的信息反馈和沟通、网络信息收集等方式，准确把握煤炭市场形势。例如，2016年下半年，公司煤炭产销协同相关部门先后到日照港、秦皇岛港两个国家大型煤炭销售港口及兖矿集团济宁二号煤矿、淄博矿业集团葛亭煤矿等5家集团公司外部矿井进行了调研；在集团公司内部，到蒋庄煤矿进行了实地对标学习，对付村煤业公司等6家兄弟矿井的产、质、销信息进行了收集与整理。通过调研，一是进一步摸清了当前煤炭销售行情，并对销售方案及时进行了调整，使销售工作做到了有的放矢；二是通过对港口取料装船系统的调研学习，查找出公司地销发运装车效率低、严重制约销售等不足问题，并结合公司生产、销售实际，提出了技改建议，确保了公司效益最大化；三是为准确掌握客户需求提供了数据支持。

5. 强化内部协同，积极开拓市场

高庄煤业公司根据客户需求，结合矿井生产及销售实际倒排生产计划，严格采场配比，以“煤炭产销协同建议单”为抓手，不断强化公司内部协同。每月月底，公司煤炭产销协同工作室根据山东能源集团枣庄营销处安排的销售计划，制定符合公司实际的发运计划，并且根据用户对煤质的不同需求，及时向公司调度室等单位下达产销协同建议单，各单位按照建议内容生产加工适销对路的产品，最大限度地满足了客户需求。例如，公司3下702工作面原煤热量、硫分相对较高，3上502工作面及3上301工作面原煤热量、硫分相对较低，针对3个工作面原煤指标的不同特点，产销协同工作室将商品煤装车指标、原煤配比比例、生产和销售建议等以建议单的形式送达公司调度室、选煤厂、综采办、采煤工区等单位（以2016年9月18日产销协同工作室向调度室下达的产销协同建议单为例说明，见表5－13），公司各单位密切协同，按照建议单配比参数认真组织原煤生产的配采、配提、分储、分运工作，取得了良好效果。自实施煤炭产销协同建议单制度以来，各批次商品煤指标均达到合同标准，保证了商品煤质量符合客户要求。

表5－13　高庄煤业公司煤炭产销协同建议单

日期：2016年9月18日　　　　协同单位：公司调度室

工作面 \ 煤质指标	灰分（Ad）%	硫分（St，d）%	热值（Q）Cal/g
3上502工作面	23.51	0.88	5440
3上301工作面	31.85	0.76	4616
3下702工作面	22.15	1.26	5590
销售计划：根据煤质运销科提供的销售计划，9月19日将有发往马鞍山的1#精煤60节，客户要求的具体指标如下：灰分7.51%～8.50%，计量水分8%，硫分≤0.9			
产销协同建议：1. 入洗1#精煤。3上502工作面：3下702工作面＝2.5：1；3上301工作面：3下702工作面＝1.6：1；3上502工作面＋3上502工作面：3下702工作面＝2.3：1。2. 入洗2#精煤。3上502工作面：3下702工作面＝1：1.2；3上301工作面：3下702工作面＝1：1.8；3上502工作面＋3上502工作面：3下702工作面＝1：1.5。3. 为确保洗精煤质量，原则上由调度室在井下根据配比比例实现配比提升；当井下无法实现配比提升时，则由主井单独提升至选煤厂分仓储存，然后由选煤厂根据配比比例进行东、西原煤仓配比入洗。请调度室在单独提升期间将所提升的原煤及时通知选煤厂，以便选煤厂根据煤质的不同分仓储存			

在市场开发方面，高庄煤业公司坚持“稳老拓新”原则，在巩固老用户的同时，围绕井下采场实际，与上级营销部门及客户加强联系沟通，积极开发与公司煤炭产品相适应的新市场、新客户。公司销售部门多次到客户企业进行实地考察，了解客户企业生产以及产品需求动向，仅2106年下半年，就新开发了13个新精煤用户。

6. 加强售后服务，杜绝煤质纠纷

一是建立了售后服务跟踪机制，运用清单化管理，及时与客户进行质、销信息沟通，通过客户信息反馈，及时了解客户需求，促进了销售工作的开展（以表5－14为例）。

表5－14　高庄煤业公司煤炭质量销售信息反馈清单

矿别：高庄煤业公司		煤种：2#精煤		装车日期：2017年3月25日	
Mt%	Ad%	St. d%	Vdaf%	MJ/Kg	大卡/公斤
7.6	8.53	0.58	37.25		
用户			到站	车数（个）	装运量（吨）
××钢铁股份有限公司			广大货场	20	1260
车号	标重（吨）	车号	标重（吨）	车号	标重（吨）
0889064	60	0889004	60	0889025	60
0889062	60	0875178	70	0875193	70
0889044	60	0889026	60	0889037	60
0889071	60	0889062	60	0889069	60
0889011	60	0875191	70	0875184	70
0875196	70	0889056	60	0875175	70
0889058	60	0889057	60		

售后沟通记录：1. 截止3月25日，2017年高庄煤业公司共发运××钢铁股份有限公司2#精煤593车、37994吨，质量均在合同范围内，无质量超标现象发生。2. 进入4月份，按照生产作业计划安排，高庄煤业公司继续以3上低硫工作面为主进行生产，硫分波动不大，煤质整体稳定性较好，请××钢铁股份有限公司继续加大采购力度，保证双方互惠共赢

客户信息反馈：1. ××钢铁股份有限公司近期库存量不足，购煤量持续维持前期较高水平，1/3焦煤采购仍以高庄煤业公司优质2#精煤为主。2. 请继续保持双方产、质、销信息沟通，特别是2#精煤的硫分波动情况。请根据预测预报情况，提前告知××钢铁股份有限公司采购、质量、加工等部门，以便及时进行配比调整，保证钢铁等产品质量

二是通过客户质量反馈情况进行双方数据的对比分析，找出差异，并到客户煤场进行实地质量抽检，共同进行采、制、化分析，强化质量数据沟通，实施主动式服务，杜绝了煤质纠纷的发生，确保了客户满意度最大化。

7. 加强现金流管控，确保资金回笼

为应对复杂的煤炭市场形势，最大限度地降低资金回收风险，高庄煤业公司制定了现金流管理办法，建立了现金流预警机制及销售现金流台账，不断加大资金回收力度。例如，在 2016 年下半年煤炭市场逐渐好转、公司煤炭外运量逐渐加大的情况下，高庄煤业公司与集团公司营销部门及时进行协调沟通，建议对前期欠款赊销客户，按照“先付款后发货”的原则进行销售；对地销煤付全款的优质客户，多安排销售量。并通过销售台账对集团公司滚动付款的战略客户的结算情况进行动态跟踪管理，尽可能地对已发运的煤炭全部进行结算，从而保证了公司资金的快速回笼。

通过深入推进煤炭产销协同，高庄煤业公司取得了显著成效。一是煤炭产销管理水平再上新台阶。公司由“生产型企业”向“经营型企业”转变，营销策略由“被动”向“主动”转变，营销管理由“粗放”向“精细”转变。二是获得了可观的经济效益。通过煤炭产销协同工作的有效开展，2016 年公司增加销售收入 10882.42 万元。三是生产与销售形成了协同联动的新格局。通过煤炭产销协同机制与平台的运行，高庄煤业公司实现了生产源头设计、工作面配采配洗及商品煤质量管控、精优销售等多个环节的高度协同、密切配合，公司由生产到销售的“单向”运行向以产促销、以销定产的“双向”运行转变。围绕扩大有效供给，公司将市场与客户需求前移，实施产销“捆绑”式经营，通过挖掘企业与煤炭客户的互惠互利关键点，较好地实现了客户满意度最大化和企业效益最大化的目标。四是公司的煤炭产销协同工作得到了集团公司及社会的肯定。2016 年 9 月下旬，枣矿集团在高庄煤业公司召开了煤炭产销协同工作现场推进会。2016 年以来，中国煤炭经济研究会、山东省煤炭行业协会、淮北矿业集团公司、神华乌海能源公司、新汶矿业集团公司协庄煤矿等 30 多家单位先后来高庄煤业公司调研、学习煤炭产销协同工作的做法和经验。

第二节　其他生产矿井煤炭产销协同的典型案例

一、新安煤业公司：以合作研发打造气精煤品牌

新安煤业公司是枣矿集团的气煤供应矿，位于山东省微山县留庄镇境内，滕北煤田中部。主要含煤地层为山西组和太原组，其中可采、局部可采煤层 6 层，即山西组的 3 上、3 下煤层，太原组的 12 中、12 下、14、16 煤层，除 16 煤层外，其余煤层煤种均为气煤。公司 1#井生产能力 400 万吨/年，2#井生产能力 100 万吨/年；配套建有年生产能力 300 万吨的炼焦煤选煤厂，可提供气精煤 180 万吨/年。自 2012 年下半年以来，受国内外经济形势变化影响，煤炭行业进入“寒冬期”，新安煤业公司的煤炭销售也异常困难，提高气煤销售量是关系到公司生存发展的关键举措。

新安煤业公司炼焦煤选煤厂于 2014 年 10 月建成，主要生产气精煤。选煤厂刚投入生产时，气精煤市场尚未打开、销售受限。2015 年 6 月，为更好地销售气精煤，深入推进煤炭产销协同，新安煤业公司利用枣矿集团煤炭产品研发中心这一平台，与 ×× 钢铁集团研究所联合成立课题组，开展了《枣矿气精煤在炼焦中的配比使用》研究，目的是实现低灰、低硫、低价气煤在炼焦生产中的配用，寻找技术经济最佳配

比，提高新安煤业公司气精煤在××钢铁集团炼焦配比中的比重。

1. 研究意义

我国炼焦煤资源中，各煤种比例不协调，气煤和1/3焦煤资源最为丰富，占炼焦煤资源总量的45.73%。但目前国内许多大型钢铁企业为获得优质焦炭，气煤配用量低，常规炼焦工艺下配用比例不足10%，焦煤和肥煤的配用比例高，与我国炼焦煤资源现状严重相悖，制约了焦化企业以及钢铁企业的生存与发展。在优质炼焦煤资源有限的情况下，如何提高廉价气煤的配用量，进一步降低企业生产成本，成为焦化行业的重要课题，也是钢铁行业十分关注的问题。

××钢铁集团年产焦炭680万吨，年需炼焦煤960多万吨，该钢铁集团的大型高炉对焦炭质量和产量的要求比较高。但该钢铁集团远离炼焦煤产区，炼焦煤供应紧张；也远离港口，物流成本高。近年来，受后序工艺需求影响，该钢铁集团焦炉煤气需求量大增，急需提高配煤挥发分。因此，提高气煤用量是该钢铁集团降低配煤成本最有效的举措，而且不需要增加设备改造投入。

枣矿集团气煤资源丰富，截至2014年底，仅新安煤业公司气煤保有储量就达2.6亿吨（设计可采储量1.8亿吨）。在现有工艺条件下，与××钢铁集团联合开发枣矿气精煤配用技术，不仅有利于降低××钢铁集团的配煤成本，提高其经济效益，而且有利于××钢铁集团和枣矿集团建立起良好的战略合作伙伴关系，促进共同发展，实现双赢。

2. 气煤资源配用存在的问题

为提高气煤用量，国内外炼焦领域虽进行了大量研究，但目前仍存在以下问题：

（1）现有技术对气煤的评价主要依据挥发分、黏结性等指标，有一定的局限性，均不能较直接地与焦炭质量特别是焦炭热性能及结焦过程联系起来。

（2）目前对提高弱结焦性气煤资源的用量，通过捣固、配型煤等炼焦预处理技术，在生产中的运用较成功，但气煤类炼焦煤煤料粒度调整技术的应用还不成熟，如何调整气煤煤料粒度、优化煤料的结焦性还需要进行系统的研究。

（3）在炼焦工艺不发生变化的前提下，如何合理提高气煤类资源的用量，缺乏科学的理论指导体系。在生产中大多依靠经验，少量配用。例如，生产 3000m^3 大型高炉所需的焦炭，气煤类炼焦煤配用量低于 10%。

3. 研究过程

结合新安煤业公司气精煤的煤质特点，课题组拟定了重点研究方向：一是新安煤业公司气精煤的煤质指标和岩相分析；二是新安煤业公司气精煤的焦化指标；三是新安煤业公司气精煤与国内其他矿业集团气精煤的煤质差异；四是新安煤业公司气精煤与多种焦煤、肥煤、瘦煤等不同配比的成焦性；五是新安煤业公司气精煤粒度对成焦的影响；六是通过大量岩相分析、胶质体特征分析及小焦炉试验，建立气精煤炼焦的数学模型，为气精煤的工业化广泛使用提供技术支持。

课题组围绕研究重点，对气精煤的煤质特性、成焦机理、热反应性、单种煤种成焦显微结构及提高气煤配用的关键方法、气煤在配比中的优化参数、新安煤业公司气精煤在××钢铁集团炼焦中的应用效果等进行了系统研究与分析，取得了具有科学性、实用性的研究成果，实现了弱结焦性气煤资源在炼焦配煤中的配比突破。

提高气煤配用量，需要控制瘦煤的配用比例。通常情况下，需寻求优质炼焦煤与气煤、瘦煤之间的合理比例关系。根据枣庄气煤在××钢铁集团炼焦生产中的优化配用研究，在该钢铁集团基础配比（焦煤 38%～42%）条件下，气煤和瘦煤总量控制在 20% 以内，焦炭质量较稳定。

气煤挥发分高，配用比例增加，对焦炭的气孔率也会产生影响。为此，课题组对不同比例气煤成焦的显气孔率进行了测试。最终实验结果表明，气煤和高挥发分1/3焦煤配比发生变化对焦炭显气孔率没有明显影响，因为焦炭气孔的产生不仅受挥发分影响，也受胶质体流动膨胀影响，气煤挥发分高，胶质体少，产生的气体容易逸出。

4. 取得的成效

通过科学的配比，新安煤业公司气精煤在××钢铁集团炼焦中的配用比例已由原来的不足10%提高到了15%以上，月用量达2万吨以上。目前，新安煤业公司成为××钢铁集团最大的气煤供应商，占该集团气煤用量的50%，且××钢铁集团配用新安煤业公司气精煤生产出来的焦炭质量完全能满足该钢铁集团大型高炉的要求。

该成果对新安煤业公司和××钢铁集团都具有显著的作用。一是丰富了新安煤业公司的煤炭产品结构，提高了公司经济效益。2015年，新安煤业公司生产气精煤64万吨，增加经济效益1225万元；2016年，生产气精煤127.86万吨，增加经济效益7800万元；2017年，生产气精煤73.09万吨，增加经济效益5700万元。二是显著降低了××钢铁集团的配煤成本。经计算，该成果每年可为该钢铁集团增加效益200余万元。

该成果促进了我国炼焦配煤技术的发展，具有广阔的推广应用价值。在2016年的重点用户技术交流会上，枣矿集团将该成果进行了发布和推广，引起广大重点用户的强烈反响，目前已推广到上海×钢、××焦化、×焦集团、江苏××等11家客户。同时，××钢铁（集团）公司、××钢铁股份有限公司、××钢铁集团有限公司等大型钢铁、焦化企业也都表现出了极大的使用意向，提高了枣庄气精煤的知名度。

二、田陈煤矿：以“变中求变”应对煤炭市场竞争

2015年下半年以来，田陈煤矿深入推进煤炭产销协同。矿井坚持“产品个性化，服务人性化”的工作原则，大力实施精煤战略和煤质、客户优先战略，对接采场、市场与客户，积极构建更加灵活、多元化的营销模式，以服务升级促销售，提升差异化增值服务水平，进一步巩固了“田陈煤”品牌。

1. 为客户生产个性化的产品，为产品寻找最适合的客户

围绕商品煤结构优化，田陈煤矿积极主动地对接市场与采场，大力实施精煤战略，实施了“订单式生产，定向化销售”，确保了商品煤品种齐全、适销对路。目前，矿井有6～9级精煤、动力混煤、优质混煤、低热值燃料、中煤泥、中煤颗粒、煤泥、块矸以及沫矸等10多个商品煤品种，实现了商品煤效益最大化。

（1）优化洗选产品结构。一是成立洗运部，发挥产销一体化优势，以煤质全流程监控、监测为主线，强化洗选产品质量控制，加大采场内在煤质指标和精煤产品质量的监控力度，采取有效措施稳定精煤灰分等指标。二是在产品结构上改变了原先的1#、2#、3#精煤品种划分，实施更为精细的十五级冶炼精煤分级，结合矿井采场煤质实际，主推6～9级冶炼精煤品种。三是充分发挥洗选调灰作用，树立“用户要什么灰分的煤炭就洗什么灰分的煤炭”的“订单式”生产理念，结合采场与洗选工艺实际，在追求效益最大化的同时，主动引导客户需求，实现了质量与价格的新突破。2017年，矿井根据井下煤质和外部市场需求，同时生产6级、7级两个精煤品种，既优化了洗选产品结构，又提升了商品煤售价。2017年共销售精煤137.75万吨，其中6级精煤31.4万吨、7级精煤106.35万吨，产品结构比较合理，在保证完成精煤产销任务指标的同时，提高了精煤综合售价。

（2）优化产品仓储管理。在提升原煤仓储管理上，矿井根据煤质情况对煤场进行“划片区分”，充分利用单提单落、分级分选、缓存调配等措施，将不同硫分、不同热量的混煤存放在指定地点，建立多个“煤质区”，根据用户需求和分储煤炭的质量计算配煤比例，进行“配装配销”，实行“点单式”发运。在精煤产品管理上，利用1#、2#精煤仓的调节作用，对精煤产品进行实时检测，精确掌握各个精煤仓和仓内不同层位的指标情况，进行“精确计量配售”，配制成多种不同质量的产品，满足用户“质量订单”的需求。同时主动与用户对接，了解指标及使用情况，最大限度地满足了客户需求，在促进销售的同时也减少了煤质纠纷和罚款。

（3）深度挖掘洗煤副产品增加值。一是对洗煤副产品进行细化分类，在重介工艺设计时，把洗混煤分成中煤及中煤泥两个品种，按需按质销售，同时对洗矸进行了分级处理，把粒度较大的洗矸对外进行销售，把粒度较小的洗矸进行粉碎加工作为低热值燃料掺配原料或制砖原料。二是在枣矿集团率先实施了煤泥烘干项目，该项目采用自备电厂汽轮机中的压缸抽汽作为热源，在烘干机旋转过程中对煤泥进行加热，把含水量28%左右的湿煤泥，加工成为含水量14%左右、粒径为10～40mm的圆形球体，作为洗混煤直接使用或作为低热值燃料掺配原料。三是批量进行低热值燃料掺配加工，以自备电厂的燃料需求热值3500大卡/千克为标准，对需掺入的混煤、中煤、天然焦、中煤泥、洗矸、脏杂煤、煤泥等煤炭产品，进行详细采样分析，根据热值情况和价格情况测算出最佳的掺配比例，利用煤场落煤皮带和铲车进行均匀掺配，仅此一项每年就可增加销售收入1000多万元，同时大大降低了自备电厂的燃料成本，实现了主业与非煤产业双赢。

2. 秉承“产品与服务并重”的原则，打造“田陈煤”特色品牌

矿井坚持“围绕市场转，跟着市场干”的工作原则，围绕“价格、

运输、成本、效益”四大核心内容，主动优化调整销售策略，全面实行差异化服务。

（1）秉承“卖服务与卖产品同等重要”的理念，进一步深化了以质量放心、数据安心、运输省心、服务舒心、沟通倾心于一体的“五心”销售模式。围绕四大核心内容，超前把握客户产品需求，引导客户参与产品研发过程，从推销、营销向“引销”服务转变，实行服务引领采购，构建以增值服务为主导的产品价值增值线，为客户提供定制化服务和综合解决方案。

（2）创建一流的煤炭采制化窗口，坚持以过硬的品牌形象促进销售。通过开展商品煤采制化新国家标准的运行，积极与客户在采制化标准上接轨，提高了矿井出具的煤炭化验指标的可信度，使矿井在商品煤结算、销售合同谈判以及商品煤质量纠纷中占据了更为有利的位置，拥有了更大的话语权。同时，加强岗位风险防控管理，强化采制化岗位风险节点控制；通过加大硬件投入，对商品煤化验室进行升级改造，安装了指纹门禁系统和无死角视频监控系统，提高了煤质化验工作的规范性和保密性。

（3）建立售后服务快速响应机制。制定了煤质、运输、计量等问题纠纷快速响应制度，一般纠纷 24 小时响应、重大纠纷 12 小时响应、严重纠纷 6 小时响应、现场纠纷 1 小时响应；能现场解决的就现场解决，现场解决不了的召开内部协调会议，制定具体的解决办法，直到客户满意为止。自实施煤炭产销协同以来，田陈煤矿实现了销售零投诉，商品煤合格率达到 100%，深受用户欢迎。

3. 畅通销售发运渠道，提升产品差异化竞争能力

面对瞬息万变的煤炭市场形势，只有采取更加灵活的营销策略，才能在市场竞争中立于不败之地。在这方面，田陈煤矿主要做了以下工作：

（1）构建“1+n”营销模式，稳固煤炭销售主导地位。对销售区域、客户进行科学划分，在政策允许范围内采取激励措施，努力维护好老市场、老客户，充分利用现有的客户资源，进一步密切联系，做好重点用户的稳量、增量工作，牢牢占领已有的销售阵地。在努力稳定老客户的同时，不断加大新客户的开发力度，在推行量价优惠、以质计价等营销策略的基础上，科学构建了“1+n”营销格局，“1”是指与矿井有战略合作关系的重点客户，“n”是指新开发的客户或者采购不稳定的市场户。在增值服务的基础上，田陈煤矿综合运用多种营销技巧，一方面持续巩固重点客户，另一方面积极开发新客户、严格控制赊销客户，保持了“1”与“n”客户相互竞争的稳定局面，始终把营销的主动权掌握在自己手中，提高了矿井经济效益。目前，在田陈煤矿的主要客户中，长期战略客户达到6个，重点客户达到15个。

（2）畅通发运渠道，构建全天候24小时无障碍发运机制。为了解决精煤仓储能力不足和商品煤装运方式单一的问题，田陈煤矿在原有1#精煤仓的基础上建设了2500吨储量的2#精煤仓，提升了选煤厂的精煤储备能力；在1#精煤仓西侧设计了“精煤地销发运装车和压车系统”，实现了精煤不落地，年可节约装车费用120多万元；在装车皮带上安设了皮带秤，对发运车辆实行定量装车，从源头上杜绝了运输车辆超吨超载现象。同时，通过建立国铁大列、自备列车、汽运精煤、地销混煤、铁水联运“五位一体”的煤炭销售发运渠道，实现了全天24小时不间断发运，单日发运量可达到2万吨以上。以汽运精煤销售渠道为例，对比之前仅有的火车大列、自备列车运输模式，每吨可降低运输成本20~30元，运输时间平均减少8小时，赢得了客户的青睐。

（3）创建“汽车+船运”新通道，变“等客上门”为“送货上门”。近年来，田陈煤矿相继与××钢铁有限责任公司、×钢集团有限公司、沂州××等多家客户签订了“汽车+船运”销售合同，由等待客户带车拉煤，变为“送货上门”，既丰富了矿井煤炭发运渠道，同时也减少了客户带车发运时的地缘性障碍，实现了企业与客户共赢。2017年，共发运船运精煤10.2万吨。

4. 持续推进装备升级，提升产品研发和质量监控能力

近年来，田陈煤矿在煤炭质量管理上不遗余力，围绕打造“煤质化验升级版”积极采取措施，开展了化验装备和采制标准升级活动，相继装备了黏结指数测定仪、胶质层测定仪，以及40KG小焦炉试验和焦炭反应性试验等设备。特别是40KG小焦炉试验项目的投入运行，标志着枣矿集团与焦化企业在煤焦化研究上实现了深度对接，为枣矿集团在商品煤销售上更好地找准卖点、实施精准营销和差异化营销奠定了基础。同时，小焦炉试验项目的成功运行为枣矿集团煤炭产品研发中心开展技术研发提供了新手段，也为周边较小的焦化企业进行配比试验提供了新平台，有力地助推了枣矿集团从“单一的煤炭生产商”向“煤炭产品综合服务提供商”转变。2017年以来，田陈煤矿通过对本矿商品煤进行深度分析研究，对稳定商品煤质量起到了较大作用。例如，2017年下半年，矿井主采面3下7111工作面和辅采面3下319工作面同时生产，通过对采面煤质进行深度化验分析发现，3下7111工作面上浮物灰分稍高、黏结指数偏低，而3下319工作面上浮物灰分偏低、黏结指数却达到90左右，两个工作面都无法单独洗选符合客户要求的精煤产品。为有效解决这一问题，矿井根据两个工作面的煤质指标，精确计算配洗比例，保证了洗精煤质量稳定。同时，可在不对洗选工艺系统进行大的调整的情况下，通过适当调整3下319面入洗比例，就可单独生产6级和7级冶炼精煤，保证了洗煤系统的正规化循环和精煤产品的质量稳定。

三、蒋庄煤矿：以运输结构的优化拓展销售渠道

蒋庄煤矿现有主要煤炭产品 4 种，分别为 1/3 精煤、混煤、洗混煤、煤泥。其中，以 1/3 精煤为主力产品，主要供应 × 钢集团有限公司、× × 钢铁（集团）公司、× × 钢铁集团有限公司等国家大型钢铁集团，以及 × 焦集团、山东 × × 等大型焦化企业，产品合格率 100%；其他煤种重点供应电力企业及矿井内部电厂。1/3 精煤是国家煤炭行业稀缺的炼焦品种，单独炼焦能生成熔融性较好、强度较高的焦炭。蒋庄煤矿凭借其便利的地理位置、特殊的煤质结构、过硬的产品质量、优良的企业信誉，建矿以来一直是长三角地区大型钢铁集团和电力企业原材料采购的优选对象，与下游企业保持了良好的合作关系。

近年来，随着国家产业结构的调整、钢铁行业的优化整合、环保政策的不断升级，对煤炭行业的生存和发展都提出了更高要求，不仅体现在煤炭产品的内在质量上，还体现在煤炭产品的生产、储存、运输等环节，尤其是运输环节更是经受了前所未有的考验。面对现场实际发运过程中出现的问题，蒋庄煤矿与时俱进，多措并举，以煤炭产销协同为平台，积极与客户沟通，从客户需求出发，适时转换运输方式，实现了供需双方合作共赢。

1. 铁路运输实现多元化

作为煤炭运输的主要方式，铁路运输发挥着重要作用，其以运量大、运速快、受环保及天气因素影响少等特点，一直是蒋庄煤矿供应大型钢铁企业原料煤的重要方式。但受铁路运能、车皮计划相对固定、装车时段不稳定、运费相对较高以及矿井精煤运量提升等因素的影响，火车运量已不能满足目前蒋庄煤矿精煤的销售任务。

在保证国铁精煤运输计划的同时，蒋庄煤矿充分利用枣矿集团现有的自备列车运输资源，并与汽车短途运输相结合，与集团公司铁路运输

处等部门及时沟通，开辟了精煤自备列车短倒途径，发挥铁路运输的优势，利用自备列车发往大宗货场，再通过物流公司的运输车辆发至港口，克服了地销精煤受环保检查影响、矿井精煤储存能力有限的困难，分时运输、分场地储煤，缓解了矿井精煤销售及储存压力。

2. 汽车运输、汽水联运开辟销售新局面

（1）汽车运输

以往的汽车运输，只是单纯作为煤炭副产品发运的常用方式。近年来，在铁路运输逐渐疲软的趋势下，蒋庄煤矿积极调研精煤市场，从降低客户运输成本角度出发，以满足客户需求为根本，通过精准核算，建设了仓存精煤汽车装车系统，适时推出了地销精煤汽车运输方式，有效弥补了精煤铁路运输计划不足造成的营销短板。自 2015 年下半年实施以来，其作为火车外运精煤的有益补充，得到了长足发展，在运行实践中无不凸显出汽车运输的灵活性和运费相对较低的优势，受到客户青睐。

蒋庄煤矿北煤场承担着洗煤副产品的储存、发运任务，由于近几年矿井加大了精煤产品生产力度，除去入洗的混煤后，所剩可供销售的混煤相对较少，剩余混煤及入洗精煤衍生出的副产品，绝大部分通过汽车运输供应给周边电厂。为更好地顺应地销精煤用户的发运需求，矿井在3#、4#精煤仓低端进行了装车系统改造，使用皮带放仓技术对地销运输车辆进行装车，铲车辅助，这一新型装车模式较以往的单纯铲车装车，效率大幅提升，既节约了装车费用，也减少了设备损耗。此外，矿井还根据客户的需求计划量及矿井生产情况，合理安排次日发运计划，与地方优质物流公司合作，签订运输合同，通过代付短途运输费运输至客户厂区或客户指定场地。该运输方式的主要特点是灵活机动、因地适宜、适时适段，适合中短途客户，能百分之百地保证煤炭产品及时送达客户。

近年来，随着国家环保标准不断提升、环保巡查力度不断加大，交通部门不定时禁运并对运输车辆进行限吨整治，导致蒋庄煤矿精煤外运效率大幅下降，汽车车队运力从原来的车均 34 吨降至目前的车均 13 吨；同时，由于蒋庄煤矿处于微山县与滕州市交界处，特殊的地理位置造成了矿井外运车辆要接受两个地区的环保检查，使矿井的销售发运工作受到一定影响。为保证地销精煤的正常发运，蒋庄煤矿及时采取了以下措施：一是面对车辆限吨、运能效率下降的实际，积极与物流企业沟通协商，更换符合环保要求的车辆，增加运输车辆的数量，实行精煤发运“少拉快跑”，尽可能实现运能最大化。二是在有限的汽车运能和发运周期内，从细节入手，加强细节控制，确保每个环节畅通无阻。矿井利用现有的 4 个精煤仓，对不同质量的产品实行分存、分洗或配洗、配装，根据用户需求装车发运；积极改进升级地销放仓系统，单车装车时间由原来的 10 多分钟降到目前的不足 100 秒；现场管理人员依据现场条件合理安排车辆入矿进场装车，做到车辆装车不积压、装车时间不断挡，不因工作准备不足而造成发运停滞、时间延误。三是为符合环保检查要求，组织现场人员参加环保学习，采取升级改造运输车辆冲洗系统、加盖蓬皮、按照标准装车等措施，确保发运车辆时时畅通。

同时，在与地方运输车队的合作中，蒋庄煤矿遵循“和谐营销、互惠共赢”的方针，本着“相互依存、共同发展”的原则，争取到了较低的运费、港杂费等优惠政策，在枣矿集团所有矿井中率先取消了地方收取多年的煤炭出矿费用，既为客户争得了利益，也为矿井争取到了较高的售价，增加了利润空间。

（2）汽水联运

蒋庄煤矿迎合客户追求低廉运输成本的心理，利用矿井紧邻微山湖、内河港口发达的优势，与山东能源集团枣庄营销处密切协作，联合山东 × ×公司于 2016 年 3 月份打通了“汽水联运”通道，争取到了山东能源集团枣庄营销处水运科成立后的第一笔订单，使营销渠道形成了“黄金三角”，铁运、汽运、水运路路畅通。

湖北××、铜陵××、湖南××等大型企业都采取“一票制”、到港结算方式，从矿井装车现场通过汽车发运到附近港口。为保证精煤及时发运，蒋庄煤矿设置专人在港口负责精煤接收、质量把控、运输车辆和船只协调，并卸装到船仓通过内河运送至厂家指定港口。目前，月需万吨以上的船运用户已达5家。该运输方式的主要特点是汽船结合、运输成本低，与火车运输相比，吨煤运输成本下降了20%左右。

四、付村煤业公司：着力生产符合市场需求的煤炭产品

面对严峻的煤炭市场形势及环保形势，煤炭企业生产低灰低硫的煤炭产品将更符合市场需求，并可从根本上实现清洁生产和污染排放最小化。2017年6月，××钢铁集团与付村煤业公司进行洽谈，计划使用低灰低硫精煤炼钢。付村煤业公司选煤厂经过多次调试，最终生产出了既符合环保政策又能炼出优质钢材的低灰低硫产品——五级冶炼精煤，至12月份共销售五级冶炼精煤91585吨，增加效益366万元。目前，已有多家大型钢铁企业计划使用付村煤业公司的五级冶炼精煤炼钢。

付村煤业公司生产五级冶炼精煤的主要做法如下：

1. 加强环节管控，向管理要效益

（1）实施精选细选。为了保证五级冶炼精煤的质量，付村煤业公司选煤厂一是采取在精煤脱水筛上增加喷水次数的方法，提高筛机的分级效果，降低细泥对筛上精煤的污染；二是在三台末精煤离心机入料槽上冲水，提高离心机的分级效果，降低精煤中高灰细泥对末精煤的污染；三是根据原煤上浮灰分，将分选密度控制在1430～1450kg/m之间、原煤入洗量控制在580吨/小时左右，使三产品重介旋流器保持了良好

的分选效果。通过采取以上措施，提高了分选效率，实现了精选细选。

（2）抓好密控岗管理。洗五级冶炼精煤时，选煤厂要求密控司机一是及时到现场查看四台精煤脱介筛上煤的粒度组成情况。如发现末煤量大时，要及时与原煤仓司机联系，调整给煤机，使入洗原煤粒度均匀。二是查看喷水压力是否符合生产要求；时刻观察合格介质桶液位，旋流器入料压力、密度变化，煤泥量的变化。三是精心操作，根据精煤灰分变化，随时调整密控系统参数。

（3）严格浮选操作。洗五级冶炼精煤时，选煤厂要求浮选司机应根据浮选的入料灰分，在矿浆预处理器里加适量的洗涤水，降低入浮浓度；浓缩泵房司机要勤查看两台浓缩池的清水层情况，发现清水层不足1米时，应及时调大絮凝剂的加药量，并将加药泵的频率调大，确保洗涤水的质量，防止系统内洗涤水浓度过大影响精煤质量。在药剂配比方面，要求起泡剂少加，捕收剂多加；浮选泡沫不能发实发粘。在浮选刮泡控制方面，要求前两室灰分低应多刮取泡沫，后两室灰分高应少刮取泡沫；药剂要控制好用量，既不能多加，又不能少加。

（4）规范采制样操作。为了保证生产检查人员及化验人员严格按照国家标准操作，化验室管理人员实行了现场走动式管理，不定期地抽查浮沉液密度是否符合要求、采样量是否满足国家标准要求、制样过程中是否存在煤样污染现象、抽查化验数据是否超差。

（5）规范精煤灌仓制度。目前，付村煤业公司选煤厂除洗选五级冶炼精煤外，还洗选1#、2#精煤，共有32个精煤仓。为了保证五级冶炼精煤的质量和足够的储存量，选煤厂将1~8号仓设定为1#精煤仓、9~16号仓设定为2#精煤仓、17~32号仓设定为五级冶炼精煤仓，并根据井下采场生产情况确定洗哪一种精煤。井下提升原煤上浮灰分高，洗1#或2#精煤；井下提升原煤上浮灰分低，集中洗五级冶炼精煤。在洗五级冶炼精煤时，如果原煤上浮灰分出现变化，而密控司机暂时没有调整好密度，出现生产出来的精煤灰分指标高于五级冶炼精煤的标准时，立即通知精煤仓司机停止往五级精煤仓灌仓，如灰分超过7.5%往1#精煤仓灌，如灰分超过8.0%往2#精煤仓灌；待精煤灰分指标达到五级冶炼精煤的标准后，再继续往五级冶炼精煤仓灌。五级冶炼精煤仓满足储存量后，再根据客户需求改洗1#或2#精煤。

（6）确保合格发运。五级冶炼精煤装车时，由公司调度室值班人员通知选煤厂化验室值班人员及时查看运销装车情况，防止出现混装。

2. 建立微信交流群，提高协同效率

由于五级冶炼精煤灰分偏低，生产过程中原煤煤质指标的波动或操作参数的波动都会对五级冶炼精煤的生产造成影响。为保证生产出合格的五级冶炼精煤，付村煤业公司建立了煤炭产销协同微信工作群，当煤质运销科在产销协同微信群内发布拟发运的五级冶炼精煤的发运量、发运时间等指标后，选煤厂化验室及时了解当天井下各生产面的煤质指标及开采量，通过计算看是否有利于生产五级冶炼精煤，如果不利于生产五级冶炼精煤，及时向公司生产调度部门提出井下各工作面的配采比例，为生产五级冶炼精煤做好准备。同时，公司选煤厂成立了煤质管理小组，建立了选煤厂产品质量微信群。在五级冶炼精煤生产前一小时，化验室在产品质量微信群内向密控司机提供原煤的浮沉、上浮灰分等指标，便于密控司机提前掌握原煤煤质指标情况，提前调整好密度。开始生产五级冶炼精煤后，生产检查人员按时在群内发布原煤入洗皮带上的原煤上浮灰分、精煤脱介筛上的煤样灰分、精煤入仓皮带上的精煤灰分以及测定的合格介质液密度等指标，便于密控司机及时、全方位地掌握生产过程中的各种生产数据。当生产指标出现异常情况时，生产检查人员会根据密控司机的要求及时增加采样，并将相关数据在群内发布，便于密控司机及时了解指标变化情况。

3. 严格制度，对标考核

为确保五级冶炼精煤的产品质量，付村煤业公司选煤厂专门召开产品质量专业会，制定了洗五级冶炼精煤的重介和浮选小指标考核标准。并严格按照考核标准，每天对岗位司机的小指标结果进行考核，奖优罚劣、末位淘汰，激励岗位司机严把质量关，洗出合格的产品。洗五级冶炼精煤时，对于连续3个重精快灰超过7.4%、连续3个浮精快灰超过8.3%或当班累计4个重精快灰超过7.4%的，一律视为质量事故，停车分析；由生产副厂长或主任工程师组织分析事故原因，在制定出应对措施后方能继续开车。

五、柴里煤矿：从生产源头保障煤质达标

2015年下半年以来，柴里煤矿坚持以市场为导向、以质量为核心，推进产业升级，优化资源配置，努力打造“煤炭产销深度协同创新创效基地”，使采场、市场有效对接，形成了源头保煤质、产量促效益的良好局面，实现了产销平衡、效益最大化的目标。

柴里煤矿始建于1960年，1964年建成投产，历经三次改扩建，由最初设计的年产量30万吨，逐步扩展到240万吨/年。作为我国第一对厚含水冲击层下开采特厚煤层的实验矿井，柴里煤矿井下地质条件复杂多变，顶板压力大，易破碎、易冒顶。在这种特殊环境下，柴里煤矿从生产源头狠抓煤质管理，确保了煤质达标，并实现了安全生产。

1. 加强预测预报

一是根据工作面地质情况，3上、3下煤开采所占的比例，夹矸情况、泥岩成分等，预测工作面的硫分、热量、挥发分等主要质量指标，分析影响煤质的因素，有针对性地制定提质措施，从源头上降低毛煤硫分。二是建立日常检查和煤样抽查制度。在每个采面皮带运输区设立采

样点，每三天对工作面采样进行化验，严格执行商品煤采制化国家标准，确保数据真实客观地反映产品质量；严格工作面生产煤样采样化验分析流程，发现煤炭质量不合格，及时下达书面通知单进行预警。三是对升井毛煤的热量实行日考核、月兑现，以下达的月度发热量考核指标为考核基准，充分利用经济杠杆，调动全员、全过程抓煤质的责任心和积极性。

2. 优化采场布局

柴里煤矿在年末制定下一年开拓方案、排定生产接续面时，都从多个方面超前考虑，优化工作面采场布局。一是优化工作面布置。避免回采面内有较大断层，依据工作面走向及倾向长度，做到装备与煤层相配套，确保采净煤炭、不割矸石，提高资源回收率。二是制定科学的开采规划。充分考虑各采区的煤质状况，实现 3 上与 3 下煤、高低硫煤、厚薄煤层的合理配采，从设计上保持煤质稳定。三是合理控制工作面开采层位。减少破矸量，最大限度地将矸石留在采空区，提高煤质。

例如，目前正在生产的 23 下 306 工作面，矿井在设计初期就了解到该工作面中部有 2336 材补联、溜补联等多个老巷，开采期间面临着过 23 上 306 工作面二分层虚实交接处，顶板管理难度大的实际困难。为有效克服这一困难，矿井煤炭产销协同办公室充分发挥协同作用，召集生产技术部、科技科、机械化科等相关单位负责人，研究编制了工作面过老巷开采专项施工措施，超前采取注胶加固、探料接顶、超穿圆木、铺联网等行之有效的措施，重点加强工作面机头犄角支护质量管理，缩小了空顶面积，避免了漏顶掉矸，保证了煤质。

3. 加强生产管理

在工作面开采过程中，柴里煤矿一是根据工作面地质构造，科学选择支架型号，严格控制开采层位，杜绝人为采矸现象。二是坚持

“定刀采煤，精采细放，以放定采”的原则，采取多轮顺序均匀放煤。过断层时，及时上飘或下刹，合理控制倾向坡度、采高及割矸区域；过薄煤区时，根据顶底板岩性、最小过机采高确定层位、采高，减少破底矸或顶矸的厚度及范围。三是加大后部放煤管理，采取多点循环均衡放煤，减少矸石混入煤流。四是结合各工作面的煤质情况，合理配采，提高升井毛煤的质量。五是强化煤流运输管理，严禁脏杂物进入煤流。

例如，2017 年 5 月，回收工区充分抓住 23 下 306 工作面煤层较厚的有利时机，积极采取措施，实施多循环均匀放煤和两端头剪网放煤，坚持向放煤要产量、要效益，不放净不准割第二刀，验收员认真记录每一刀的割煤时间和放煤时间，严格考核，保证了放煤时间和放煤效果，最大限度地回收了煤炭资源。

4. 强化分储分运

在工作面煤质发生变化、原煤赋存硫分偏高、配采后仍达不到精煤指标要求时，柴里煤矿积极采取分仓储存、分运、分落等措施，提高了入洗原煤的质量，缩短了浅槽系统开启时间，减少了洗煤加工成本。在工作面过断层或开展巷道修复工程，矸石量增大时，矿井在胶带输送机上设置煤矸分离装置，运用分煤器将矸石引入矸石仓，实行分仓储存、单独提运。据不完全统计，2017 年以来，矿井共分运矸石 2 万余车，单独提运至矸石山，从源头上保证了资源回收率和煤炭质量。

5. 优化生产系统

近年来，柴里煤矿全面优化生产系统，加快推进装备升级，有效解决了主存、主提、主运系统存在的问题，进一步提升了矿井稳产提效能力。矿井历经三次改扩建，产能不断提升，但煤仓容量小、缓冲能力小、皮带运输工艺落后，每一个环节发生梗阻，工作面的正常生产都会受到影响。为此，矿井在系统调研论证的基础上，迅速启动了煤仓扩容增量工程。煤仓扩容增量后，井下储煤能力提高到了12000余吨，形成了“放仓时有量，灌仓时有空间”的格局，并使采区和大巷集运皮带实现了集中开停、满负荷运行。

6. 更新思想观念

为抓好煤质管理，柴里煤矿提出了“服务销售”的理念，引导职工提升服务销售工作的意识，自觉从生产源头控制煤炭污染、提高煤质。要求两端头和转运岗点的职工，随时清理净枇子、浆皮等杂物；卧底清理出的矸石，宁愿多跑几步、多费点力气也要送进老塘。要求采煤机司机精心操作，把握准层位，不丢煤、不采矸；采取科学合理的放煤办法——多轮顺序放煤、停机放煤、端头剪网放煤、跟机清理、逐架验收放煤等，大幅度提高了煤炭资源回收率，促进了产量的持续攀升。

2015年下半年以来，柴里煤矿通过深入推进煤炭产销协同，煤炭产品结构呈现出多元化的格局，满足了市场不同客户的需求；市场占有份额大幅扩展，由单一客户拓展到6省20余家；打响了“柴里煤”品牌，杜绝了数量、质量纠纷，客户美誉度不断提升。

六、滨湖煤矿：着力实现高硫煤销售新突破

为有效实施炭产销协同，滨湖煤矿秉承“协同有序、节约高效、传承发展”的工作思路，坚持市场导向，灵活调整营销策略，大力实施营销创新，以积极主动的姿态应对市场变化，打破了矿井长期以来高硫煤难以销售的局面。

1. 精细管理明目标

滨湖煤矿作为枣矿集团本部最年轻的生产矿井，虽然生产系统比较

简单，但是由于高硫煤储量大，煤层薄、煤质差、销路窄，长期以来始终困扰着矿井的发展。随着煤炭产销协同的深入推进，矿井领导班子认识到，要在严峻的煤炭市场形势下实现高硫煤销售的新突破，从根本上解决高硫煤矿井生存和发展问题，必须从营销体系入手，调轨转向、精准营销。

一是树立全新市场理念。为全面贯彻落实枣矿集团“煤炭产销深度协同”战略，滨湖煤矿清晰界定了产、洗、运、销各方的基本职责，并对企业营销机制进行大胆创新，对市场销售工作进行重新审视，确立了“以市场为导向，以销售为龙头，以客户为根本”的销售理念，坚持“客户需要什么就生产什么”的原则，科学优化商品煤销售结构。

二是大力实施精煤战略。精确的销售定位对煤炭销售的作用不言而喻。虽然滨湖煤矿主采的16层煤硫分稍高，但是灰熔点适合于化工企业，洗选加工出的气肥精煤的市场前景非常看好。为应对市场变化，丰富产品结构，拓宽销售渠道，提高经济效益，矿井投资7000余万元新建了重介工艺的选煤厂，设计年入洗能力120万吨，并于2015年5月投入运行。新选煤厂未建成之前，受采场和市场双重因素制约，滨湖煤矿的煤炭销售工作十分被动，煤价一落再落，库存居高不下，矿井陷入亏损境地。新选煤厂建成之后，优化了煤炭产品结构，根据客户需求灵活组织生产，分提分洗、配提配洗、单提单销、分质分储，销售工作不断好转。2017年，矿井入洗原煤65.28万吨，产出精煤38.85万吨，精煤回收率达59.51%，销售精煤38.16万吨。

2. 精诚服务拓销路

滨湖煤矿没有铁路线，煤炭销售全部为地销汽运，用户辐射半径相对较小。在市场开发方面，矿井主要做了以下工作：

一是围绕客户需求，超前制定洗煤生产、发运方案，建设性地提出井下工作面、选煤厂质量订单式生产意见，将采场直接对接市场；动态监控各生产工作面的煤质状况，当工作面煤质发生较大变化时，提前进行预警、预报，以最好、最优的产品质量巩固现有市场；畅通产销环节信息流，做到“算账式”营销和“订单式”生产，形成了“以产促销、以销带产、产销联动”的良性局面。

二是深化市场调研和分析，及时捕捉周边矿井生产情况和销售信息，“一周一调研，一周一总结”，依托煤炭产销协同办公室，对重点用户、潜在竞争对手和自身产品竞争优势进行动、静态分析，及时掌握市场信息，确保生产适销对路的煤炭产品，实现了“好煤卖好价，次煤有市场，产品多元化”。

三是积极外出走访调研，深入到客户单位开展售后回访座谈，及时掌握客户需求，多层面加大售后服务力度，把“精诚服务”作为提升市场竞争力的强力推手。矿井建立了重点客户 QQ 群、微信群，利用内部网上平台及时发布煤质信息，赢得了客户的赞许。

四是努力稳定老客户，积极开发新客户。滨湖煤矿精煤主要用于炼焦配煤及化工配煤，部分用于电煤，近年来，新开发了山东××、滕州××、江苏××、××焦化、济宁××等直供精煤客户。混煤主要用于电煤配煤，近年来，新开发了山东××、滕州××等客户。目前，矿井精煤客户达 17 家、混煤客户达 19 家，摆脱了过去受制于单一客户的弊端，赢得了市场话语权。

3. 精准营销促增盈

近年来，为有效应对严峻的煤炭市场形势，滨湖煤矿重点围绕煤炭产销协同出主意、想办法，定措施、抓落实，抓住生产源头，舞活销售龙头。采取 16 层煤与 12 层煤配采方式，以 16 层煤为主、12 层煤为辅，不断完善煤炭产品结构，满足了不同用户对煤质的要求。

一是坚持“提煤质、创效益”的理念，通过提供高质量的产品助推矿井效益不断提高。持续加强对洗选外运系统的疏通排查，利用大数据分析，强化和完善全煤流管控，稳定各系统组织运转，确保煤质均衡稳定；狠抓煤质管理，科学优化配比方案，严格落实分采、分运、分洗、分储、分销“五分工作法”，有效提高了原煤发热量，硫分、灰分等指标持续保持稳定，实现了以质增效、以质保价。

二是在洗煤加工方面，积极与市场对接，根据市场需求和煤质情况，及时调整商品煤品种；不断强化重介浮选系统管理，实施了粗煤泥回收工艺改造，年可增收400余万元；全程做好重介分选和煤泥水处理等各个环节的实时监控和调节，实时抓好精煤浮选、洗水浓度、处理能力等技术指标的检测，及时反馈和分析煤质信息，最大限度地满足了客户质量要求。

三是围绕经济效益最大化目标，不断优化销售布局，按照“稳固现有用户，扩大销售半径”的销售思路，着重把握市场形势，创新实施了分质定制和差异化销售策略，坚持让利不让市场，在产品一度滞销的情况下，进一步灵活调整销售策略，相继出台了“捆绑式”销售、量大优惠政策、提高信用额度等措施，全面盘活了销售渠道。

七、蒋庄煤矿：以洗煤副产品洁净化生产促进资源高效利用

蒋庄煤矿开采了28年，资源储量日趋枯竭，已经步入中老矿井行列。面对一方面主业资源不断减少，另一方面非煤单位“找米下锅”、寻找出路的实际，矿井在煤泥的高效利用上产生了新思路，决定开展型煤加工项目。目的是把有限的煤炭资源“吃干榨净”，更加科学地优化产品结构、提高产品的附加值。

1. 主要做法

蒋庄煤矿通过广泛调研，采取了“两步走”的举措。第一步：“下河试水”。2016 年底，矿井投资 40 余万元，新上了一套简易型煤加工系统进行生产，此套系统是通过简单的机械挤压原理生产型煤，主要优点是设备简单、易于操作。缺点是由于受煤泥水分指标的影响，必须经过晾晒或达到湿度要求后方可生产，所以无法实现量产，尤其是一季度气温低的时期，基本上处于半运行状态，二季度天气转暖后才能基本恢复正常生产。在如此不利的情况下，2017 年 1 ~ 6 月，矿井合计产销型煤 1.33 万吨，增收 297 万元。简易型煤加工系统的运行，虽然没有达到预期效果，但通过此套系统的运行，矿井坚定了煤泥资源高效利用的信心，因此，坚定不移地走出了第二步：升级换代。2017 年 3 月，针对简易型煤加工系统暴露出的煤泥不能烘干、无法实现规模生产的弊端，蒋庄煤矿决定上马型煤烘干系统。通过广泛开展市场调研，最终与山东 × × 环保设备公司达成了合作意向。为验证项目的可行性，矿井先后派人到河北等地了解使用厂家情况，全面掌握第一手资料，并两次送煤泥进行实地检验。在此基础上，4 月份报请集团公司并通过审批，5 月 16 日通过项目招标，6 月 26 日开工筹建。

在项目建设过程中，蒋庄煤矿通过成立工作组协调基建施工、签定重点工程“军令状”严格考核、多次跟进厂家解决问题等多种有效举措，有效加快了项目施工进度。型煤烘干系统于 2017 年 9 月 6 日正式带料试运行，项目用时仅 70 天，比一般施工周期缩短近一个月。项目具有以下特点：一是智能化。整体操作实现智能化管控，每班仅需 3 名操作工，能完成原来由 10 余人才能完成的工作，三班生产加上维修等人员一共不到 20 人，人工成本低，劳动量低。二是高效化。型煤烘干系统主要设备为长 28 米、直径 3.2 米的滚筒式干燥机，主要原理是将煤泥由带式运输机运送至转载点处，并直接卸到上料仓，通过干燥机烘干后的型煤成品由出料皮带直接运送至型煤厂棚。系统设计紧凑，一房（生产厂房）一棚（成品储存棚）、占地面积小。目前，每小时可加工型煤21吨左右，每天加工成品约400吨，系统正式运行两个多月来成效明显，10月、11月份分别产销型煤1万吨、1.2万吨，完全达到了设计要求，实现了高效运转。

型煤烘干系统试运行后，销售工作开始同步启动。为迅速打开市场，蒋庄煤矿采取了“两手抓”的策略，一手抓内部销售，定向供应蒋庄煤矿建阳电厂使用，做到了稳内；一手抓外部市场开发，10月中旬与××集团××电厂达成了长期合作协议，每月可出售给该电厂8000吨型煤产品，实现了拓外。售价方面，当前煤泥售价50元/吨（含税价），烘干后的型煤售价可达204元/吨（含税价），再去掉其他如设备折旧、电费、蒸汽费和工资等相关费用，一吨型煤产品纯利润约50元左右，全年可实现纯利润约600万元。

2. 取得的成效

蒋庄煤矿型煤加工项目的实施，有效解决了矿井洗煤副产品利用难的问题，进一步拉长了产业链条，为矿井做大煤泥高效利用文章夯实了重要基础，也为矿井加快新旧动能转换做出了贡献。

一是推进了由污染源向效益源的转变。型煤烘干系统采用的低温蒸汽回旋干燥技术与传统的热风炉干燥技术相比，没有水和其他燃料的消耗，实现了污水、烟尘的零排放和对环境的零污染，在加工过程中可基本避免煤泥落地存放，在消除污染源的同时实现了煤泥“变废为宝”，是典型的节能降耗项目，彻底解决了煤泥产品露天堆放造成的矿区环境二次污染问题，并能消除煤泥运输造成的环境污染，在当前环保要求日益严格的形势下，为污染源转变成效益源趟出了新路子，社会效益十分显著，更可大量节省煤泥治理需要投入的人力、物力成本。

二是初步构建了大协同、大创效的格局。项目运行后，除负责项目运行的蒋庄煤矿弘兴公司受益外，还带动了其他上下游兄弟单位共同增收。据初步计算，系统运行时蒸汽消耗量为3.5t/h，按每吨蒸汽120元计算（含税价），每年蒸汽费为300万元左右，再加上电费，蒋庄煤矿美源热电厂仅此每年就可多增加收入近400余元，而建阳电厂使用型煤作燃料可显著降低发电成本，真正实现了互利共赢。

第六章

枣矿集团煤炭产销协同的实施成效与启示

第一节　枣矿集团煤炭产销协同的实施成效

2015 年下半年以来，枣矿集团深入推进煤炭产销协同，企业煤炭产销各职能部门、各生产矿井以客户需求为导向，以效益为中心，以质量为重点，通力协作，创新超越，企业煤炭产品主要技术经济指标明显改善，产品结构、销售布局、运输方式不断优化，市场竞争力和信誉度明显提高，资源配置能力和整体盈利水平大幅提升，扩大了煤炭产品的有效供给，实现了与客户的互利共赢。

一、煤炭产品主要技术经济指标明显改善

通过深入推进煤炭产销协同，枣矿集团煤炭产品各项主要经济技术指标呈现出“六升一降”的局面。

一是原煤入洗率大幅提升。2017 年原煤入洗率 78. 23% （部分矿井为 100% ；其他矿井主要受电煤合同兑现的因素制约，原煤入洗率受到影响），较 2015 年提高 26. 1% 。

二是精煤产销量大幅增加。2017 年精煤产销量 1191 万吨，较 2015 年大幅增加 275 万吨，增幅 30.0%；精煤产销量增加直接创效 9625 万元。

三是精煤新品种产销量大幅增长。2017 年新安煤业公司气精煤销量 73.1 万吨，比 2015 年增幅 14.4%；滨湖煤矿气肥精煤销量 38.2 万吨，是 2015 年的 2.39 倍。目前，枣矿集团精煤新品种产销量占比达到 25%，是 2015 年的 2 倍以上。

四是精煤回收率持续提高。2017 年精煤回收率（扣矸）完成 80.71%，较 2015 年提高 5.96%。精煤回收率提高直接创效 3.67 亿元。

五是混煤热值不断提高。2017 年，枣矿集团本部 7 对骨干生产矿井通过落实煤质管控措施，发运混煤热值较计划提高 148cal/g，增收 10433 万元。

六是经济效益显著提高。实施煤炭产销协同以来，枣矿集团产品销量大幅增加，经营形势日趋改善。2017 年精煤产销量增加、精煤回收率提高和混煤热值提升三项直接创效 5.68 亿元。

七是煤质纠纷大幅下降。2014 年煤质纠纷 41 起，赔付用户 524 万元；2015 年煤质纠纷 21 起，赔付用户 100 万元；2016 年和 2017 年煤质纠纷共 5 起，未进行赔付。

二、煤炭产品市场竞争力不断增强

自煤炭产销协同工作开展以来，枣矿集团持续加大市场开拓力度，增强与有关高校及用户企业的技术交流与合作，强化煤炭产销管理高效衔接，煤炭产品结构、销售布局、运输方式发生了根本性变革，极大地增强了企业煤炭产品的市场竞争力，更好地满足了客户需求。

一是产品结构调整取得新突破。2017 年精煤销售占比达到 57.6%，较 2015 年增加 9.1%，精煤、混煤销售量比由原来的 1∶1.5 调整为

1:0.4；2017 年又新增了付村五级精煤、高庄中硫精煤等多个新品种，目前，枣矿集团本部共有包括气煤、肥煤、1/3 焦煤、气肥煤四大类 18 种不同灰分、硫分级别的精煤产品，彻底改变了原有低灰低硫 1/3 焦精煤单一品种的局面。

二是销售布局调整取得新突破。在保持原有南方精煤重点用户市场的同时，积极开发周边 100 公里范围内的独立焦化企业市场，目前，枣矿集团周边市场地销精煤量占到了精煤总销量的一半左右。根据煤质特性细分和不同用户的需求，确定高庄煤业公司、付村煤业公司的煤炭产品主要销往南方大型钢厂，满足用户顶装焦炉对原料质量的要求；柴里煤矿、蒋庄煤矿、田陈煤矿的煤炭产品主要销往周边市场，满足用户捣固焦炉对原料质量的要求。差异化的目标市场布局避免了各矿井之间的内部竞争，目前柴里煤矿、蒋庄煤矿、田陈煤矿地销精煤量占到了其精煤销售量的 70% 以上。精煤销售格局的调整有效规避了市场风险和内部竞争，实现了精煤销售逆势提升。

三是运输方式调整取得新突破。煤炭运输是枣矿集团煤炭产销协同系统中的重要一环。自煤炭产销协同工作开展以来，枣矿集团精煤运输方式由原来的以铁路运输为主调整为铁运、汽运、水运、皮带运输多种方式并举，既节约了运输成本又有效适应了市场变化。

截止 2017 年底，枣矿集团通过持续优化产品结构、销售布局、运输方式，对比 2015 年 6 月提出“煤炭产销深度协同”战略前，共计实现结构性增利 28.22 亿元。

三、煤炭产品有效供给能力不断提升

为有效实施煤炭产销协同，枣矿集团建立健全了煤炭产销协同运行组织机构，理顺了工作流程，对煤炭产销系统中的每一个环节、每一个细节都基于产销协同这一平台，建立了完善的规章制度和工作流程，使该项工作的推进做到了有章可循。并从客户需求出发，通过不断调整产品结构，提高产品质量，来提高产品供给的稳定性和均衡性，尤其是加强了煤炭开采、洗选、混配、化验、销售、运输等各个节点的质量管理；同时，通过加强对煤炭产销各个环节的管控、增强各个环节之间的衔接与协同，实现了煤炭生产与煤炭销售之间的协同、煤炭生产各环节之间的协同、煤炭销售各环节之间的协同、企业与客户之间的协同。通过科学的管理，以及新产品研发、运输方式优化等手段，改善了煤炭产品的供给状态，提升了企业煤炭产品的有效供给能力。

四、营销商业模式不断优化

营销是企业生产经营成果和创效能力的直接体现。营销力就是企业的竞争力，也是发展力。多年来，枣矿集团一直致力于从“单一的煤炭生产商”向“煤炭产品综合服务提供商”转变，煤炭产销协同工作的开展大大加快了这一进程。在煤炭产销协同具体实践中，枣矿集团牢牢把握市场和客户的需求，树立“引导客户消费，创造客户需求”理念，聚焦客户需求变化，努力提供更符合客户需求的产品、更高效的利用方案、更完善的服务。通过优化营销商业模式、提高客户服务水平，枣矿集团提高了煤炭产品的市场占有率，推动了客户满意度、美誉度和忠诚度持续提升，实现了客户价值和企业盈利最大化。

五、推动企业实现了“五个转变”

第一，矿井发展由安全生产型向经营效益型转变。枣矿集团本部7对骨干生产矿井为实现经济效益和产品结构的最佳配置，围绕生产系统开拓、洗选提质增效、产品结构调整等工作，形成了完善的管理体系。各生产矿井的矿长（经理）作为主要负责人，充分发挥煤炭产销协同一把手的作用，立足矿井实际，将着眼点放在提升煤炭产销协同的运营能力、资源配置能力、风险管控能力和快速响应能力上，准确把握用户需求，科学分析采场，积极对接市场，有的放矢地改进生产、销售等环节，筹建了煤炭产销协同领导小组，制订了细致的工作要求和考核奖惩标准，完善了源头管控、煤质管理、经营销售体系的建设，使组织保障更加有力，制度建设更加完善，确保了矿井稳健发展。

第二，矿井生产由面向采场向对接市场转变。枣矿集团本部 7 对骨干生产矿井为持续放大“以产促销、以销带产、产销联动”的协同效应，积极构建采场、市场、现场有效对接机制，努力实现量价齐增，取得了最佳经济效益，推动了矿井生产由面向采场向对接市场转变，切实实现了以产品结构的优化增强市场主动性。一是积极优化生产布局和生产接续，突出抓好工艺设计、采场布置、生产组织、开采时序、现场管控、设备管理、原煤输送、产品加工、装车运输等重点环节，实现了深度协同。二是以稳定提升产品质量、满足用户需求为抓手，超前做好生产准备、技术分析和接续预排，突出抓好层位分析与控制，实现了科学有序生产；坚持分采、分储、分运、分提，确保了矿井生产工艺与地质条件、设备选型、煤层赋存相匹配，并能实现动态调整。三是以提升产品价值、提高生产经济性为抓手，实现全流程、全过程、全员性的煤质管控，做到了闭环控制。四是以强化煤炭产销信息获取和沟通反馈为抓手，建立市场行情研判、分析、预警机制，科学把握质量与数量的平衡点，实现了优化控制，全方位推动了矿井生产由面向采场向对接市场转变。

第三，煤炭产品由单一化向系列化转变。为适应市场需求，枣矿集团成立了煤炭产品研发中心，聘请国内知名高等院校的教授、大型钢厂的炼焦配煤专家，共同研究枣矿煤炭产品特性，寻求互利共赢合作方案。目前，开发了气精煤、气肥精煤、中硫 1/3 焦、高硫 1/3 焦等多个新精煤品种，彻底改变了原有单一的低灰低硫 1/3 焦精煤的生产销售格局。并实现了由提供产品向提供服务、由生产煤炭向经营煤炭的转变，打造了煤炭产品系列化生产格局。

第四，销售途径由单一渠道向多元渠道转变。枣矿集团本部 7 对骨干生产矿井积极配合集团公司营销部门开拓煤炭市场，积极开发寻找矿井能够生产且效益好的煤炭产品，除保证原重点用户需求外，持续拓量促销，实现了产销平衡和销售渠道多元化。地销精煤比例大幅度提升，取得了明显成效，实现了精煤产销量屡上台阶。

第五，选煤技术管理由产品管控型向质量效益型转变。通过深入推进煤炭产销协同，枣矿集团持续加强技术改造和工艺完善，大幅度淘汰落后选煤工艺、选煤设备，实现了工艺科学化、流程简约化、装备现代化、运行高效化、生产集约化，为科学调控产品结构、把握产品质量、推进选煤生产管理由产品管控型向质量效益型发展奠定了基础。

六、煤炭产销协同效应稳步放大

面对日益严峻的市场形势和复杂的采场条件，枣矿集团坚持“以产促销、以销带产、产销联动”，建立月度煤炭产销联席会议制度，及时沟通信息，实现了产销互动、高效协同；既立足现有资源赋存条件，又以市场为导向，根据客户需求实施定制化生产，相继开发出气肥煤、气精煤等多个新品种，可满足大中小不同用户的需求，以稳定的煤质、丰富的品种、较强的适应性，进一步优化了企业在华中、南方的市场布局和客户结构，提高了用户满意度和忠诚度，掌握了市场博弈的主动权。更重要的是增强了产品的市场适应性，有效解决了销路问题，避免了产品滞销带来的影响矿井正常生产、职工队伍不稳定等情况，切实发挥出了煤炭主业在企业度危求进中的基础性作用。2017 年，枣矿集团多项经营指标创出历史同期最好水平。营业收入完成1050亿元，比历史最高的2016年增加365.02亿元，增幅53.29%，提前三年完成“十三五”规划目标；实际经营利润完成65.31亿元，比历史最高的2011年增加6.43亿元，增幅10.92%；归母净利润完成40.49亿元，比历史最高的2011年增加3.13亿元，增幅8.38%，位列山东省国有企业第一位。2017年，枣矿集团综合煤价801.47元/吨，在煤价同期不是最高的情况下，通过采取深入推进煤炭产销协同，持续强化管理、降本增效等措施，实现了收入、利润的历史性突破，创出了枣矿集团“历史最好年”。

七、取得了良好的社会效益

煤炭产销协同是枣矿集团响应国家供给侧结构性改革、优化调整煤炭产品结构、提升市场竞争力的一项创新举措，为煤炭企业度危求进、推动企业转型发展、打造煤炭经济升级版提供了积极借鉴。2016年以来，国家及地方煤炭行业主管部门、行业协会及众多煤炭企业纷纷来枣矿集团学习、调研煤炭产销协同的做法和经验。

在煤炭产销协同具体实践中，枣矿集团创新实施了煤质全生命周期控制、“五分工作法”（分采、分运、分洗、分储、分销）、“五场（厂）一体”（市场—客户现场—矿井储煤场—选煤厂—井下现场）井上井下联动反馈机制及“五心”销售模式（质量放心、数据安心、运输省心、服务舒心、沟通倾心）、“一户一策”“一品一议”营销模式等，在新产品研发、产品结构调整、销售布局调整、运输方式调整等方面也有一些创新做法，在煤炭行业形成了良好示范作用。

第二节　枣矿集团煤炭产销协同的启示

在当前整个煤炭行业较为困难的形势下，如何更好地响应国家供给侧结构性改革，实现有效供给；如何更好地持续创新、转型发展，是煤炭企业今后较长一段时期内需要研究和解决的重要课题。煤炭企业要想在激烈的市场竞争中生存和发展，除了要努力提高煤炭产品的质量外，还要对煤炭生产和销售活动采取更加先进、更为有效的管理方式，枣矿集团的煤炭产销协同就是在这样的现实情况下产生的。

2015 年下半年以来，通过有效实施煤炭产销协同，枣矿集团一是实现了煤炭生产与和销售的有效对接，消除了某些业务运作层面上的障碍，形成了对市场的快速反应机制；二是实现了没有市场开拓市场，有了市场扩大市场，用户不太满意则改进质量、组织产品研发攻关，用户满意仍持续改进的良性循环；三是推动了企业由供应商向服务商转变，实现了以合作共赢为基础、以服务客户个性化需求为目标的商业模式的转型升级。并最终适时响应了客户的需求，扩大了有效供给，较好地实现了客户满意度最大化和企业效益最大化的目标。可以说，煤炭产销协同不仅是枣矿集团应对行业困境、实现降本增效的重要手段，也是枣矿集团打造核心优势、保持健康发展的必由之路。从枣矿集团煤炭产销协同的具体实践中，可以得出以下几点启示：

一、实施煤炭产销协同必须从企业转型升级的角度提高认识

2013 年，党的十八届三中全会提出“市场在资源配置中起决定性作用”；2015 年，中央提出要积极推进供给侧结构性改革。也就是说，要坚持以市场为导向，转变经济增长模式，推进企业管理体制改革和经

营机制创新；要提高供给结构的适应性和灵活性，使供给体系更好地适应需求结构的变化。对于煤炭企业而言，必须适应国家供给侧结构性改革和能源体制改革的新形势，围绕煤炭的清洁高效生产利用，推动煤炭供给结构调整和产业创新，提高企业抗风险能力和市场竞争力。枣矿集团的实践证明，煤炭产销协同不仅对枣矿集团扩大市场份额、提高企业核心竞争力和经济效益具有重要的作用，而且对枣矿集团其他领域的改革也有一定的促进作用，可以使枣矿集团不断适应复杂多变的竞争环境，推动企业从外延式发展转变到内涵式发展，真正提升企业竞争优势。因此，煤炭企业必须从企业转型升级的角度认识推行煤炭产销协同的重大意义，把推进煤炭产销协同作为企业转型升级的重要抓手，通过市场机制倒逼企业其他领域的改革创新，从而在结构调整、组织优化、体制机制等方面取得突破和提升。

二、实施煤炭产销协同必须以客户需求为中心

随着经济全球化和市场竞争的日益加剧，以客户和市场为中心的现代营销观念深入人心。客户的需求构成市场，需求的满足程度形成企业获利能力，客户的需求就是企业效益的源泉。枣矿集团的煤炭产销协同也是由客户需求拉动的。在煤炭产销协同具体实践中，枣矿集团将客户需求作为煤炭产销协同的起点和原动力，坚持一切以客户需求为中心，形成了全方位的客户服务体系，做了大量、系统的工作。对客户需求快速反应，提供个性化的服务，实行定制营销、一对一营销；将客户需求及产品结构调整、市场结构调整等信息第一时间反馈到生产矿井，市场需要什么生产矿井就生产什么，形成了产销联动，使企业的市场份额不断扩大，并与客户结成了稳定的战略合作伙伴关系，最终以营销整合促进了企业产业升级，提升了企业核心竞争力，形成了企业可持续发展能力。当煤炭市场和客户需求发生变化时，煤炭产销协同灵活性强、反应

速度快、生产周期短、调整能力强等竞争优势就充分显示出来了。

在过去相当长的一段时间，作为劳动密集型企业，煤炭企业以生产为中心的观念根深蒂固，一切工作重点都围绕着生产组织来进行，忽视了销售工作对生产的指导作用，忽视了对客户需求的关注，造成了合同执行率差、交货不及时以及客户个性化需求往往得不到满足等问题。如果说在卖方市场的环境下，煤炭客户还可以勉强忍受或者不得不忍受这些问题的存在，那么面对现在竞争异常激烈的煤炭行业发展环境，每一个煤炭企业都必须自觉按照客户的需求来组织生产经营活动，以合同为中心做好煤炭产销工作。只有让客户的需求得到最大限度的满足，才有企业的更大发展，从而确保企业在市场竞争中立于不败之地，在扩大有效供给、持续创新、转型发展的道路上不断前进。

三、实施煤炭产销协同必须以信息为核心要素

在传统企业管理模式下，企业内部各职能部门之间是按本部门的利益开展经营活动的，由于职能部门之间的利益冲突、信息交换不灵，难以实现企业整体目标最优；企业与用户之间也是相互独立的，它们之间是相互对立的交易关系，缺乏必要的信息交流与共享，按照各自的利益进行经营活动，容易引起利益摩擦。在煤炭产销协同具体实践中，枣矿集团利用先进的信息技术，使企业煤炭产销各部门、各环节不仅能及时有效地获得用户的需求信息，对煤炭开采、洗选加工、仓储、销售、运输等环节进行集成，对贯穿煤炭产销整个过程的物流、信息流和资金流进行协调、控制，而且能对信息作出及时的响应，满足客户的需要，缩短从订货到交货的时间间隔，提高企业的服务水平，最终做到卖最恰当的产品、节省最多的成本、最快地运送到客户手中，实现与客户共同提高竞争力、共同获利的目标。枣矿集团的实践证明，统一、一致、准确的数据信息能够提高煤炭产销协同运作的透明度、准确度，降低运作成

本。离开信息及网络技术的支持，煤炭产销协同就无法进行下去，信息已经成为煤炭产销协同的核心要素。

随着经济全球化的发展，煤炭企业要在日趋激烈的市场竞争中获得领先，必须从企业的内部和外部环境出发，快速响应市场消费需求并提供给客户高品质的产品和服务，这就要求企业必须在最短的时间内了解市场信息的变化，并打造出具有竞争力的产品和服务去满足市场需求。

四、实施煤炭产销协同必须抓好三个关键环节

从传统煤炭产销模式到煤炭产销协同模式转变是一场巨大变革。枣矿集团的实践证明，抓好以下三个关键环节的工作是煤炭产销协同取得实效的重要保证。

第一，领导重视和思想统一是推行煤炭产销协同的前提。实施煤炭产销协同是一项系统工程，煤炭企业各级领导必须高度重视。同时，实施煤炭产销协同是一个长期的过程，需要煤炭企业全体员工共同认知，不断努力和改进。要持续地对全体员工进行煤炭产销协同理念的灌输，统一思想，提高认识，落实责任，使煤炭产销各部门、各环节目标同向、信息共享、责任共担，形成一个适应市场变化需要从而能够快速、联动的整体反应机制。

第二，加强产销联动体系建设是推行煤炭产销协同的保障。枣矿集团煤炭产销协同的成功实践，表明了煤炭开采、洗选、仓储、销售和运输等环节是一个完整的煤炭产品供应链。这条链要高效运行，需要企业煤炭产销各个部门、各个环节高度协调、高度整合，需要在集团层面上进行统一的规划、运营和管理，需要有一个统领全局、经过优化的计划与调度系统。同时，需要密切关注市场和客户对煤炭需求的变化，及时调整战略和战术，使集团各个生产矿井的煤炭开采、洗选加工、库存、销售和运输等环节成为一个高度统一、有效运转的整体，切实达到协同

的目的。为此，必须加强产销联动体系建设，实现煤炭生产销售计划制定、生产源头设计、工作面配采配洗及商品煤质量管控、精优销售等多个环节的高度协同、密切配合，不断提升工作效率。

第三，协同配合、共同参与是煤炭产销协同有效运作的关键。煤炭企业要有效实施煤炭产销协同，最重要的就是企业煤炭产销各个部门、各个环节能够统一部署，协调运作；各个环节无缝对接，各个要素一体化运行。因此，只有推行协同联动、分工负责、共同参与的工作机制，使各职能部门、各生产矿井协同作战、密切配合、共同参与，才能有效发挥企业内部横向和纵向的协同联动作用，从而消除各种阻力，推动煤炭产销协同各项工作有序开展。

总之，在激烈竞争的市场环境中，煤炭企业要立足市场，必须聚集资源，不断巩固和提升自己的核心竞争力，以获得可持续的竞争优势，支撑企业健康、可持续发展。枣矿集团的煤炭产销协同是枣矿集团响应国家供给侧结构性改革、优化调整煤炭供给结构、提高企业核心竞争力的一项创新管理举措，是一种跨职能部门、跨生产矿井集成管理的新模式。它的有效运行，使枣矿集团实现了产品、客户、技术、营销等资源的重新组合和优化，开辟了新的竞争领域，并避免了资源的浪费，提高了企业核心竞争力，形成了竞争优势。在国家积极推进供给侧结构性改革的时代背景下，在煤炭市场竞争日益激烈的新形势下，有效实施煤炭产销协同，无疑对于我国煤炭企业的进一步发展，对于提升我国煤炭企业整体的竞争力具有十分重要的意义。

第七章

枣矿集团煤炭产销协同的完善

2015 年下半年以来，枣矿集团通过深入推进煤炭产销协同，对企业煤炭产销资源进行有效整合和配置，优化了企业煤炭产品的供给结构，扩大了有效供给，较好地实现了客户满意度最大化和企业效益最大化的目标。

2017 年 10 月 18 日，党的十九大在北京胜利召开。十九大报告将深化供给侧结构性改革作为贯彻新发展理念，建设现代化经济体系的首要任务。报告提出了加快建设制造强国，加快发展先进制造业，支持传统产业优化升级，加快发展现代服务业，促进我国产业迈向全球价值链中高端，培育若干世界级先进制造业集群等一系列措施。报告提出，坚持去产能、去库存、去杠杆、降成本、补短板，优化存量资源配置，扩大优质增量供给，实现供需动态平衡。枣矿集团应坚定践行十九大精神，不忘初心，牢记使命，进一步深化供给侧结构性改革。

煤炭产销协同作为枣矿集团积极践行供给侧结构性改革的主要战略和工作举措之一，通过近几年的实施，虽然取得了很大成效，但在具体实践中也暴露出一些问题，需要在以后的工作中进一步总结提高、创新提升。具体应做好以下工作：进一步完善基础保障；进一步拓展工作范围和领域；实施以客户为中心的大营销战略。

第一节　进一步完善基础保障

一、加强信息化建设

枣矿集团煤炭产销协同的各个环节之间相互传递大量的业务信息，这些信息对煤炭产销协同的各个环节起到了衔接作用，是煤炭产销协同一切活动进行的基础。良好的信息化建设，是煤炭产销协同相关信息得到准确、及时、高效共享的必要条件。为此，枣矿集团应进一步加强信息化建设，促进信息共享。

一要以满足用户需求为核心，将各生产矿井现有的管理信息系统进行集成，在集团公司层面建设一体化信息平台，建立和形成满足协同运转、高效管理和科学决策所需要的煤炭产销协同综合信息系统。一体化信息平台的建立，要使各职能部门、各生产矿井能够快速掌握市场和客户的需求信息和整个煤炭产销协同系统的运营情况，减少由于多重预测导致的需求信息扭曲和滞后；要实现煤炭产销信息实时查询、历史查询、自动生产报表、生产预警等功能，提高煤炭产销协同内部信息的传递效率；要实现产、质、销、财相关信息的高度共享及智能分析，为煤炭产销协同提供大数据支持，并为灵活调整生产销售方案和准确进行生产经营分析创造有利条件。

二要充分利用电子商务网络资源，强化与用户的在线交流和互动，广泛与用户进行网上交流、接触，做到网上及时发布煤炭供给信息，进行技术交流、电子协商等。同时，让用户通过电子商务网络，实时了解枣矿集团煤炭生产、洗选、加工、运输等情况，随时看到自己所订产品的状态，并及时将自己的需求与枣矿集团的供给相联结，做到信息的双向并行流动，实现信息的实时共享。

三要开发客户关系管理系统。目前，枣矿集团尚未建立统一的客户关系管理系统，客户的管理和维护主要是由营销人员来完成，缺乏对客户信息统一、完整、规范的管理，从而使新客户开发、老客户维护往往凭直觉来决策，很大程度上影响了市场的进一步拓展。因此，应抓紧开发客户关系管理系统，进一步提高煤炭产销协同的运转效率，更加有效地管理和利用客户资源，将企业的客户资源价值发挥到最大，更好地满足客户需求。

二、保持矿井高产高效

生产矿井的高产高效是枣矿集团煤炭产销协同有效实施的基础。要保持生产矿井的高产高效，就必须坚定不移地抓好以下工作：一要全力以赴抓好采掘接替工作。采掘接替工作是保证生产的关键，更是实现高产高效目标的基础。要充分发挥地质信息的支撑作用，优化设计布局，杜绝无效进尺，减少资源损失；要科学调整生产辅助系统，消除无用环节，改进低效环节，优化高耗环节，堵塞“跑冒滴漏”；要加快掘进速度，突出现场管理，保证施工质量。二要依靠科技进步，保障安全生产。要结合生产实际，积极采用先进的生产工艺和技术，消除安全隐患，提高安全生产系数，保证安全生产。三要抓好采煤工作面生产设备技术配套。各生产管理部门要深入一线、深入实际，全力保证生产单位的设备和技术需求，确保高产高效目标的实现。四要加大新技术的开发应用。进一步激发广大技术人员的创造性，积极创新推广先进的科技成果和应用技术，有效改善矿井生产条件，不断提高资源回收率和劳动效率，减少生产投入，提供经济效益。例如，目前，枣矿集团井下排矸仍使用人工手选系统，选矸效率低，职工劳动强度大。下一步，应积极推进井下智能排矸系统建设。井下智能排矸系统是目前大块煤矸分离的最佳技术，具有分选精度高（矸石带煤率1%左右，基本达到重介浅槽分选精度）、工作效率高（超过人工拣选效率的4倍以上）、井巷开拓量小（目前手选井巷就可基本满足）、投资低、运行成本低（1元/吨左右，重介浅槽3~4元/吨）、自动化程度高（该系统全封闭运行，远程监控操作）等优点。

三、加强风险管理

枣矿集团煤炭产销协同系统蕴含的风险主要包括信息风险、生产技术风险、安全风险、运输风险、市场风险（煤炭价格波动风险）、法律风险、政策风险、突发自然灾害风险、环保风险等。由于煤炭产销协同各个环节之间具有较强的依赖性和关联性，这就导致了任何一个环节的风险都会波及到所有环节，产生牵一发而动全身的影响。为此，枣矿集团应建立煤炭产销协同风险预警和应对机制，对煤炭产销协同系统可能存在的种种风险进行分析评估，及时掌握各种风险信息并分析产生风险的原因，以便采取相应的对策或措施来进行风险防范，将风险降到最低，提高企业煤炭产销协同系统的抗风险能力和柔性。可以尝试建立煤炭产销协同风险预警信息辅助决策系统，并与煤炭产销协同综合信息系统对接，以提高企业的抗风险水平。面对市场变化，枣矿集团应适时改变营销策略，降低市场波动给企业带来的风险。

四、加强人才队伍建设

人才是兴国之本、富民之基、发展之源。枣矿集团深入推进煤炭产销协同，最重要的是要建设一支高素质、懂管理、结构合理的人才队伍。为此，要牢固树立人才资源是第一资源的理念，加大人才队伍建设力度，创新人才队伍培养机制，把人才队伍建设工作摆在企业发展的突出位置来抓；要继续贯彻实施人才强煤战略，完善企业人力资源管理体系，建立起行之有效的人才引进机制和对优秀人才的激励机制，吸引、培育、造就懂安全、有技术、会管理的的煤炭专业人才队伍；要建立和完善企业培训制度，强化职工教育，全面提高职工队伍的整体素质；要建立紧缺人才快速培养渠道，积极谋求与高等院校合作，对企业管理人员进行煤炭产销协同方面的系统培训；要用事业留人、待遇留人、感情留人和制度留人，为各类人才创造施展其所学、发挥其专长的用武之地；要不断改进和创新工作方法，形成奋发向上、团结一致、敢为人先、勇于挑战的企业氛围，比业绩、比贡献，心齐气正，实现组织绩效、团队绩效和员工个人绩效的高度统一。

第二节　进一步拓展工作范围和领域

一、进一步做好产销协调沟通

从成功协同的机制上看，沟通、合作、协调是其三个基本要素。目前，在枣矿集团煤炭产销协同的具体实践中，由于部门沟通和协调不充分，有时会造成洗煤和销售部门不了解井下生产情况，生产和销售部门不清楚煤质情况；销售部门只看市场，对矿井的实际条件掌握不及时，市场需要什么他们就跟矿井要求什么，有时会脱离矿井实际，在一定程度上造成了产销相互脱节。同时，由于销售部门的市场开发难度较大，矿井对此不太了解，造成了一定程度上的产销不和谐。这就需要在以后的工作中进一步加强协调和沟通，共同应对严峻的煤炭市场形势。

要从集团公司整体利益出发，做好协调沟通，避免生产、洗煤、煤质、销售、运输部门各自为政，保证煤炭产销协同顺畅运行。一要引导生产矿井主动适应市场形势变化，调整产品结构，满足市场需求。二要随时掌握各生产矿井的销售情况，对不同时期的销售矛盾，有针对性地给予协调解决。三要指导生产矿井建立更加灵活、更为高效的快速反应机制，提高市场应对能力。四要做好各区域市场的统筹协调，特别是针对部分重叠区域，要合理划分销售市场，避免内部竞争。五要抓好运输协调工作，确保装车最合理、最优化。同时要做好与国铁的协调合作，拓宽合作渠道，打通跨局直通业务，增加直达车辆，降低中转环节费用，进一步稳固市场份额。

同时，要进一步理顺生产、销售、研发三者之间的关系。生产矿井处于承上启下的地位，要研究如何通过绩效考核等办法把生产矿井的积极性进一步调动起来，使之更加主动地走进市场，更加主动地用好“研”“销”两方面的资源。销售部门要当好“雷达站”，要结合矿井实际，扫描搜索目标市场，提高市场分析预测能力，以发现需求、满足需求、创造需求为己任，既引导“产”“研”精准发力，又踢好销售创效“临门一脚”。煤炭产品研发中心要当好“牵引机”和“助推器”，贴近市场、贴近矿井，进一步加强攻关研究和技术服务。

二、进一步提升洗煤生产创效能力

近年来，枣矿集团先后投资5亿多元对集团公司本部7对骨干矿井的选煤厂进行了大规模技术改造，为应对市场变化、提高经济效益发挥了巨大作用。下一步，应充分发挥洗煤技改功效，放大洗煤效益。

一要提高原煤入洗率。枣矿集团本部7对骨干矿井生产的1/3焦煤、气煤、高硫气肥煤均为较好的炼焦用煤，但2016年还有超过500万吨的原煤直接销售，原煤入洗率仅为76%，与周边煤质相近的煤炭企业（如淮北矿业集团公司、大屯煤电集团公司等）95%以上的原煤入洗率相比还有很大差距。这既是一种资源的浪费，也大幅降低了企业经济效益。下一步，应努力在提高原煤入洗率上做文章，争取原煤全入洗。

二要提高精煤回收率。提高精煤回收率是洗煤创效最直接、最有效的方式，根据目前情况测算，枣矿集团精煤回收率每提高1%，年可增加效益8000多万元。目前枣矿集团尚有个别矿井的煤泥未全部入浮，精煤回收率还有一定的提升空间，应通过加快浮选技术改造工程建设，提高枣矿集团的整体精煤回收率。

三要实现洗煤副产品的清洁高效利用。目前，枣矿集团本部7对骨干矿井的选煤厂每年生产出200多万吨的洗混煤、煤泥等洗煤副产品，其中大部分直接销售，作为散煤直接燃烧，不仅降低了其经济价值，而且还存在着巨大的环保风险。据初步测算，如果能将每年200万吨的洗混煤、煤泥全部作为电厂燃料使用，可替代100万吨原煤，增效近亿元。下一步，应研究如何将洗煤副产品制成内部电厂燃料，实现洗煤副产品的高效清洁利用。

三、进一步发挥煤炭产品研发中心的作用

枣矿集团煤炭产品研发中心作为与用户合作交流的主要平台，在合作研发新产品，研发成果共享，合理引导用户需求；做好与用户的技术交流与沟通，为用户提供能源综合利用方案；科学合理地指导各生产矿井调整产品结构，引导煤炭生产真正做到市场对接采场、推进“订单式生产、个性化服务”等方面发挥了巨大作用。下一步，煤炭产品研发中心应着重抓好以下三个方面的工作：一是加大与重点客户技术合作课题的投入，提升共同研发的水平和档次，在降低用户配煤成本的同时，促进企业精煤销售；二是加强与相关高等院校、重点用户的合作，做好合作研发课题成果的总结提升，让更多的用户分享合作成果；三是加强与用户的技术交流，定期邀请用户技术专家到其供货矿点进行指导

交流，与生产矿井技术人员共同研究制定质量管控指标，实现采场与市场、井口与炉口的无缝对接，做好质量合作管控文章，真正实现“订单式生产、个性化服务”，提高顾客满意度，减少质量纠纷。

四、实现煤炭产销协同全覆盖

目前，枣矿集团的煤炭产销协同工作在集团公司本部7对骨干矿井中已开展了近三年的时间，形成了完善的工作流程，总结出了比较成熟的经验，在提煤质、调品种、拓市场方面取得了显著的成效。下一步，应在接管监狱煤矿及外部开发矿井中深入推进煤炭产销协同工作，实现生产矿井煤炭产销协同全覆盖。

第一，在接管监狱煤矿推进煤炭产销协同。2016年下半年，枣矿集团接管了七五、岱庄、三河口、滕东4座监狱煤矿，增加了1.4亿吨的可采储量、330万吨/年的产能。这4座监狱煤矿煤质、煤种都比较好，但目前原煤入洗率偏低，影响了经济效益。下一步，应在接管监狱煤矿深入推进煤炭产销协同工作，促使其提质增效、洗煤提效、营销创效。一要根据各接管监狱煤矿的资源赋存、煤质特性，科学规划洗选加工方案。二要与相关用户的技术专家一起做好接管监狱煤矿的煤质特性分析研究，找准卖点、精确定位，促进精煤直接销售，实现产品高效利用。三要督促、指导各接管监狱煤矿建立完善的煤炭产销协同工作机制。四要在相关接管监狱煤矿建设块煤排矸系统，进一步提高煤质。

第二，指导外部开发矿井推进煤炭产销协同，实现管理创新成果共享，提升外部开发效益。开发外部煤炭资源是枣矿集团实现“基业长青、行稳致远”发展目标的重要基石。目前，枣矿集团外部开发矿井年产量达到600多万吨，但普遍存在煤质较差、效益偏低的问题。下一步，枣矿集团应组织集团公司机关相关部处室人员协助指导外部开发矿井建立健全煤炭产销协同工作机制。全资、控股外部开发矿井要参照枣矿集团本部生产矿井煤炭产销协同的模式，建立完善的煤炭产销协同工作机制；参股、托管外部开发矿井可结合自身实际，借鉴枣矿集团本部生产矿井煤炭产销协同的有益经验，提升煤炭产销工作水平。

第三节　实施以客户为中心的大营销战略

近年来，环境治理和鼓励新能源政策已挤压了煤炭增长空间，煤炭市场低迷已呈常态化趋势。在这种情况下，枣矿要发展，营销是关键；营销要发展，市场是根本。枣矿集团应进一步强化市场意识，一切围着市场转，用大市场推动大销售，用大市场推动大发展。因为只有抓住了市场，枣矿集团的煤炭产销工作才有源头活水；只有拥有了足够的市场容量，枣矿集团的煤炭产销协同优势才能充分发挥，企业才能焕发勃勃生机。

当前市场营销策略与实践，更加注重从用户的角度出发，实施对企业的整体营销，也就是大营销。从广义上来说，大营销就是“从系统角度要求企业的市场研究、生产研发、质量控制、售后服务、企业品牌文化建设等相关职能都要服从与服务于销售工作，以销售业务为龙头，实现业务分工基础上的战略协同，使企业创造价值的能力得到社会的充分认同，最终实现企业营销的目标。”为使煤炭产销协同工作进一步创新提升，枣矿集团应着力实施大营销战略。要树立用户至上的营销理念和整体营销的观念，不断推动营销管理创新，最大限度地利用企业的规模优势与产销协同效应，打造整体营销优势。

一、深化客户关系管理

现代营销学之父菲利普·科特勒曾经指出，满意的顾客是最好的广告。任何一个企业都要特别关注用户的需要，健全客户关系管理体系，以客户需求为中心，从提升客户满意度和忠诚度出发，按照客户的个性化需求组织生产经营活动。在近三年来的煤炭产销协同实践中，枣矿集团在这方面做了大量工作，取得了很大成效。下一步，枣矿集团应进一步深入市场、深入用户，近距离地接触客户需求，秉承“输送真情、共铸辉煌”的营销服务理念，为客户提供全员、全方位、全过程的增值服务，与重点用户建立战略联盟关系。

了解客户、掌握和满足客户需求是建立和维系与用户关系的前提。枣矿集团要在运用好现有客户信息的基础上，进一步加强客户档案管理，建立更为全面、详细的客户数据库，包括客户基础资料、经营现状以及同本企业的业务往来情况等内容，保障客户管理体系顺畅运行。根据这些客户信息，枣矿集团可以分析某种产品或服务的可能性客户名单，针对性地开展营销工作，提高市场反应速度。

要通过走访、召开客户座谈会、设立服务热线、网站在线咨询等多种方式，建立同客户进行及时有效沟通的渠道。集团公司领导班子成员应定期带领营销、技术骨干，深入用煤企业走访调研，加大现场技术服务力度，巩固与客户的战略合作关系。同时，要进一步建立健全客户投诉处理程序，及时解决客户关于数量、质量和服务方面的异议，本着对客户真诚负责的态度，共同研究解决方案，尽可能地减少客户损失。

客户关系管理还有一个重要内容就是分析客户的价值贡献。对于煤炭企业而言，用户相对比较集中，产品主要集中供应几个重要的大客户。抓住这些大客户，往往意味着企业的营销工作成功了一大半。枣矿集团要通过对客户累计购买产品数量、采购份额、给企业带来的利润、付款能力等的分析，对客户进行评价和分级，给予不同的待遇，重点针对大客户实施营销，增加营销工作的针对性，集中销售产品。

实施大客户营销战略，要求枣矿集团充分了解大客户的个性化需求，某种程度上甚至要做到“比客户更了解客户”，以便更有效地引导客户需求，满足大客户的各类特殊需求。要推行战略大客户服务模式，努力给大客户提供更好的延伸服务，用一流的服务水平促进与战略客户建立牢固的“价值链”关系，提升煤炭产品销售能力、品种竞争能力和企业赢利能力；要建立健全与重点用户高层领导间的定期走访机制，积极开展与各大客户领导、业务部门间的联谊活动，不断扩展新形势下与重点客户的战略合作，加强信息和情感沟通，建立起相互信任的朋友关系和互利双赢的战略伙伴关系，形成互利共赢、共同发展的局面。

二、完善客户服务体系

煤炭行业的一个重要特征就是同质化严重，企业在技术装备以及产品品种等方面都非常相似。在这种情况下，为了使企业的产品在激烈的市场竞争中占有一席之地，服务就显得尤为重要。枣矿集团应进一步加大由采掘型企业向服务型企业转变、由供应商向服务商转变的力度，通过搞好增值服务，创造竞争优势，获取更大利润。

为此，枣矿集团首先要建立健全全过程的服务体系。售前，要积极进行产品推介，帮助用户正确地选择煤炭产品。售中，要按时生产出符合用户个性化要求的优质煤炭产品。售后，要跟踪用户使用情况，及时处理客户投诉；要定期举办用户座谈会，了解用户的意见和建议，根据用户反馈的意见改进产品质量，对一时解决不了的问题，也要及时给予书面答复，千方百计地让用户满意。

围绕搞好售前、售中、售后服务，枣矿集团还要建立健全表层、基础、深层三级技术服务体系。表层服务包括介绍产品以及把用户需求和意见反馈回企业等；基础服务包括编制产品手册、进行产品推介和现场技术指导，以及在线咨询服务等；深层服务主要是要根据用户需求，改进产品质量，开发或与用户共同开发新产品，满足用户的个性化需求。现在企业间的竞争已经逐渐延伸到深层服务，但在提升深层服务的水平上，企业还有很多的功课要做。枣矿集团应该自觉由被动服务向主动服务转变，发挥研产销整体优势，在搞好表层、基础服务的同时，着力在深层服务上下功夫，强化市场反应机制，用细致周到的服务打造差异化竞争优势。

要从单一的处理异议向涵盖技术咨询、合作开发、物流配送等全方位服务拓展，通过深入了解用户潜在需求，研究开发新的产品，引领用户需求；通过与用户生产、采购、计量、质检、技术等部门的全方位合作，开发或共同设计开发出满足用户个性化需求的产品，辅助用户进行采购；根据客户的要求，提供量身打造的个性化服务，协助客户解决产品和技术难题，保障客户生产经营的顺利进行。同时，通过优质服务来争取收集更多的反馈信息，为提高和改善产品质量，开发新产品和新市场奠定基础。

三、加强市场分析研究

知己知彼，方能百战不殆。在现代竞争日益激烈的情况下，正像菲利普·科特勒指出的，营销胜利的基础越来越取决于信息，而非销售力量。这就要求企业必须拓宽信息渠道，加强市场调研和分析，不断提高企业对市场环境变化的预测能力，提高营销决策水平，增强营销工作的主动性。为此，枣矿集团应该把加强市场调查和预测分析，作为营销工作的重中之重来抓。一是及时了解最新的政治、经济、社会发展动态，把握宏观经济走势、国家政策；二是对煤炭行业政策及信息、行业状况、行业走向、市场趋势以及竞争对手的产品和市场信息等进行深入调研，建立情报资料库及档案，提高综合预判能力；三是对企业内部信息进行收集、整理、分析、交流；四是积极主动地深入煤炭用户，全面掌握市场需求状况，了解用户的特殊需求和市场潜在需求，把握供求走势和市场环境变化，对市场信息及时反馈和分析，为企业的产品营销提供正确的参考；五是每个季度都要对煤炭客户进行访问调查，对所有的重点用户进行分析，对研究得出的结果进行仔细的对比，并将调研得出的用户需求信息及时向各职能部门、各生产矿井反馈。同时，要努力建立一套可操作性强、及时有效的市场信息、情报的搜集、整理、分析和反馈系统。把握客户需求属性，准确地做出销售决策判断；利用信息预测市场变化趋势，研究如何改进产品或服务来更好地满足客户需求。

四、建立电子交易平台

当前，我国煤炭市场供大于求的矛盾仍十分突出，为了拓展销售渠道，建立电子交易平台是一种非常有效的手段。电子交易平台将网上和网下相结合、现实和虚拟相结合、传统经济与新经济相结合，把商品交易的信息流、资金流、物流进行有效的整合，代表了未来的发展趋势。通过电子交易平台，可以使煤炭销售更加公平，为企业在降低交易成本、规避交易风险、拓展业务渠道等方面提供新机遇、创造新价值。目前，电子交易平台主要有挂牌交易、竞价交易、业务通道三种电子交易形式，其中，竞价交易采取完全市场化的方式实现价格发现，在市场低迷时能最大可能地实现效益最大化。

枣矿集团具有可靠的资源保障、健全完善的销售网络和畅通的物流通道，近年来，通过深入推进煤炭产销协同，煤炭产运销实现了一体化，所以开展电子交易有着天然优势，可以为用户提供“足不出户，轻松买卖”的交易体验，而且通过资源共享、深度合作、高效运转，可以进一步节约交易时间与成本，提高企业运营效率和效益，增强企业竞争优势。

五、实施全员营销

全员营销不是每个员工都做营销或每个部门都管营销，而是企业所有员工对企业的产品、价格、渠道、促销（4P）和需求、成本、便利、服务（4C）等可控因素进行互相配合，最佳组合以满足顾客的各项需求（营销手段的整合性）；同时全体员工应以营销部门为核心，研发、生产、财务、行政、物流等各部门统一以市场为中心，以客户为导向，进行营销管理（营销主体的整合性）。所有员工关注或参加企业的整个营销活动的分析、规划和控制，尽量为客户创造最大的让渡价值，使客户满意度最大化，使企业从中获得市场竞争力、长期利润及长远发展。作为一种科学的管理方法，全员营销既包含了内部管理，也包含了外部营销，对其正确的应用无疑会给企业带来理想的回报。

为确保煤炭产销协同进一步深化拓展、取得更大成效，枣矿集团应大力实施全员营销，所有员工都要围绕“以客户为中心”从事日常经营活动，不能因部门或个人利益而损害客户利益。为了保证营销工作的有效性，枣矿集团应对员工进行标准化培训，让他们了解企业所提供的营销服务的内容和要求，掌握进行服务的必备技术和技巧，以保证他们所提供的服务与企业的服务目标相一致。

附　录

附录一　枣矿集团关于进一步深化煤炭产销协同工作的意见

为持续放大“以产促销、以销带产、产销联动”的协同效应，立足采场、对接市场，构建采场与市场有效衔接、深度协同机制，以产品结构的优化增强市场主动，努力实现量价齐增，结合集团公司实际，经研究，就进一步深化煤炭产销协同工作提出如下意见：

一、超前分析预测，科学编制计划

在准确做好煤质预测预报、超前谋划销售布局的基础上，科学编制年度煤炭产品生产销售计划，是做好产销深度协同工作的基础。

（一）每年 11 月中旬前，由各矿井总工程师组织相关部门人员，根据矿井开拓计划、采掘工作面地质资料及煤质分析数据，全面预测预报下年度煤质情况及各类煤炭产品的产量、质量指标，编写年度煤质调查报告。

（二）每年 11 月中旬前，山东能源集团枣庄营销处根据煤炭市场分析和客户需求，预测各类煤炭产品品种组成和价格，编制下年度各类产品销售计划。

（三）每年年底前，由集团公司分管生产副总经理、总工程师组织地质、生产、销售、煤质、财务等部处室人员，逐矿井听取年度煤质调查报告和各类产品销售计划，并根据采场条件，结合市场需求，按照效益最佳原则，科学确定各矿井下年度煤炭产品生产销售计划。

（四）山东能源集团枣庄营销处以年度煤炭产品生产销售计划作为指导下年度煤炭订货的依据，细分市场和客户，落实各矿井各品种销售流向。

（五）财务部以年度煤炭产品生产销售计划作为指导下年度经营目标测算的依据。

二、强化源头控制，合理配采配洗

立足采场实际，生产最优的煤炭产品。坚持做到合理配采、科学配洗。产品结构向优势煤种、价高煤种转移，努力实现好煤卖上好价钱。

（一）生产专业要立足原煤生产运输系统实际，编排实施依靠装备提升煤质的措施工程。

（二）生产、地质等部门要指导各矿井根据自身地质储存条件，科学合理地制定不同煤层的配采方案，稳定煤炭质量。

（三）在不同采面煤质（主要是硫分）差距较大时，各矿井要科学设计生产布置，并充分利用井上下煤仓、煤场，实现不同采面的分采、分运、分储、分提。

（四）由集团公司总工程师牵头，地质、生产、销售、煤质、财务、科技、管理规划等部门参加，全面分析各矿井煤层地质储量、煤质指标及配煤效益，对全集团公司跨矿入洗进行顶层设计，合理规划布局，消除设备设施、管理体制、运行机制上的制约因素，实现效益最大化。

三、分析需求差异，优化市场布局

进一步细分市场，满足客户个性化需求，获取煤炭产品最佳效益。

（一）销售部门应根据矿井系统调整、采场接续的实际，在巩固老用户的同时，积极开发适合各矿井煤炭产品质量变化的新市场。

（二）充分发挥煤炭产品研发中心的作用，加强与用户的煤质信息共享，主动开发并提供满足用户多元需求的品种，提供从“井口”到“炉口”的一站式服务，实现由提供产品向提供服务、由生产煤炭向经营煤炭转变。

四、健全协同机制，定期召开会议

为加大产销协调联动力度，建立月度产销协同联席会议制度。每月初，由集团公司总工程师牵头，召开生产、地质、销售、煤质、财务等部门和各生产矿井相关人员参加的产销协同月度联席会议。主要会议内容有：

（一）各矿认真总结汇报上月煤炭生产销售和煤质管理工作及本月煤质预测、生产销售计划。

（二）生产技术处通报上月生产完成情况和本月主要采场情况；山东能源集团枣庄营销处通报上月煤炭销售完成情况和本月市场行情；煤质管理处通报上月煤质指标完成情况和本月煤质状况；财务部通报商品煤销售效益分析状况。

（三）安排部署煤炭产品生产、煤质管理和销售重点工作。

五、加强组织领导

（一）集团公司成立产销协同领导小组，由董事长、总经理任组长，分管副总经理、总工程师任副组长，成员由生产技术处、财务部、地质测量处、煤质管理处、山东能源集团枣庄营销处等部室负责人组成。

（二）成立产销协同办公室，办公室设在煤质管理处，煤质管理处负责人兼任办公室主任，成员由生产技术处、财务部、地质测量处、煤质管理处、山东能源集团枣庄营销处等部室相关人员组成。

产销协同办公室负责年度煤炭产品生产销售计划的制定落实；负责配采配洗方案的制定落实；负责组织产销联席会议，会议纪要的整理落实；负责抓好集团公司及各生产矿井煤炭产销协同工作情况的调度、督导、反馈等日常工作。

附录二　枣矿集团关于加强与用户煤质信息交流的管理规定

为更好地应对煤炭市场变化，做好煤炭售后服务工作，最大限度地减少因煤质信息沟通交流不及时而引发的煤质纠纷及煤炭拒收、拒卸，促进煤炭销售，特制定本管理规定。

一、枣矿集团所属各矿（公司）适用本管理规定。

二、各矿（公司）发往有关主要煤炭用户的精煤或混煤产品，煤炭发出后必须将煤质化验数据及装车信息第一时间用传真或电子邮件传递到用户，无论运输距离远近，都必须确保在煤炭到达用户之前将信息传递书传递到用户。对近途用户，当正常的采制化工作流程不能满足要求时，要安排加班，即采、即制、即化验。如有特殊情况，信息传递不得迟于装车完毕后24小时（省内及江苏徐州地区用户不得迟于装车后14小时）。

三、信息传递内容：发运商品煤车数、吨位、化验结果等（详见《枣矿集团煤炭质量信息传递书》）；当煤质发生较大变化或化验结果异常时，必须及时与用户沟通交流，解释说明原因，必要时要上门服务，避免发生煤质纠纷，同时必须及时向煤质管理处汇报。

四、《枣矿集团煤炭质量信息传递书》必须由矿煤质部门传递，装车计量部门要及时将装车信息（车号、标重等）提供给煤质部门，各矿要为信息传递工作创造必备条件（外线电话、传真机、电脑、网络畅通等）。

煤质部门要落实专人负责，因出差、休班等原因不能及时传递的，期间要安排专人接替。

五、信息传递书发给用户后（传真或邮件），要在第一时间发短信给对方联系人（注明发运日期、矿别、车数），提醒及时查收，短信记录必须在手机上保存半个月以上。遇到节假、公休日，除正常发送信息传递书外，用户有要求的，要以短信形式将发运时间、矿别、车数、吨位、主要质量指标发给对方联系人。

六、因煤质信息交流、传递不及时造成煤质纠纷、影响煤炭销售的，将按煤炭收购制办法有关规定予以处罚。

（一）对《需传递质量信息用户名单》中所列用户必须按规定要求及时传递质量信息，信息传递后必须电话通知其联系人，并做详细文字记录（矿发基本信息及用户、联系人名和传递的月、日、时、分，注明是发传真还是邮件），如传真要在传真件上注明某某收，一户两个通讯地址的都传。

如用户反映有信息传递不到、不及时或集团公司抽查传递信息记录不完整的，一经查实将视情节对有关矿进行1~2万元的处罚。

（二）做好煤质预测预报工作，当生产条件发生变化造成煤质波动较大，特别是在灰分、硫分指标等有较大变化（超合同规定或临界）时，由矿煤质部门负责人或主管技术人员在第一时间向用户做好解释沟通工作，耐心听取用户的意见和建议，并对沟通内容做好详细记录，同时，通知煤质管理处加工科。如不及时沟通，一经查实将视情节对该矿进行1~2万元的处罚。

（三）因不及时与有关用户进行煤质信息沟通，对销售工作造成影响，发生质量、计量纠纷的，将视情节对该矿进行2~5万元的处罚。对情节特别严重，造成用户拒收或要求停发的，没收该批煤全部收入，并在全集团公司通报。

（四）加强商品煤采、制、化管理，做到发送的煤质数据信息真实、可靠，所发煤炭质级相符，否则，按2～5万元处罚。

（五）一旦出现上述情况，将在当月《煤质简报》中予以通报，并在当季达标检查中予以扣分，出现的罚款从季度煤质精煤奖中扣除。

七、本管理规定自下发之日起执行。

附：枣矿集团煤炭质量信息传递书

枣矿集团煤炭质量信息传递书

检验单位（盖章）

矿别：		煤种：		装车日期：	
Mt%	Ad%	St. d%	Vdaf%	MJ/Kg	大卡/公斤
用户			到站	车数（个）	装运量（吨）
车号	标重（吨）	车号	标重（吨）	车号	标重（吨）
矿方联系人：		电话：		手机：	

参考文献

［1］罗红雨．价值链成本控制研究［M］．北京：中国经济出版社，2013.

［2］王丽杰．供应链管理［M］．厦门：厦门大学出版社，2012.

［3］许巧珍．客户关系管理［M］．杭州：浙江大学出版社，2014.

［4］杜栋．协同管理系统的理论［M］．北京：清华大学出版社，2013.09.

［5］姜辉．大型煤炭企业内部供应链的构建与优化研究［M］．北京：经济管理出版社，2014.

［6］吕涛．煤炭供应保障影响因素及储备保障战略研究［M］．徐州：中国矿业大学出版社，2012.

［7］王泽民．煤炭精益供应链实践探索［M］．徐州：中国矿业大学出版社，2015.11.

［8］宋彧，李巍巍，金飞．煤炭供应链协同管理的策略研究［J］．煤炭技术，2011（10）.

［9］张慧，王凯，倪少权．基于产销协同的铁路运输组织模式研究［J］．交通运输工程与信息学报，2016（4）.

［10］郭水文．关于当前推进中国煤炭产业供给侧改革的思考［J］．煤炭经济研究，2016（4）.

［11］杨西栋．供给侧改革背景下煤炭企业转型升级的战略选择

[J]. 煤炭经济研究，2016（4）.

[12] 李其保，柳妮. 煤炭行业供给侧改革的背景及影响研究 [J]. 煤炭经济研究，2016（4）.

[13] 张翠华，周红，赵淼. 供应链协同的因素模型及对我国的启示 [J]. 现代管理科学，2005（6）.

[14] 牛媛媛. 煤炭企业供应链管理优化问题研究 [J]. 煤炭技术，2015（12）.

[15] 于辉光，于辉明，刘峰，鲁起晖. 中煤集团煤炭产运销一体化研究 [J]. 中国煤炭，2012（12）.

[16] 白原平，张引刚. 煤炭企业产运销协调化发展量化研究 [J]. 煤炭经济研究，2007（9）.

[17] 狄恩硕. 大型煤炭集团构建产销联动信用政策的探索 [J]. 煤炭经济研究，2015（6）.

[18] 付永贵，马尚才. 中小煤炭企业电子交易平台构建初探 [J]. 商场现代化，2008（26）.

[19] 张志峰. 产销一体化经营模式成因探究 [J]. 学理论，2011（4）.

[20] 周春辉. 经济新常态与煤炭产销再平衡 [J]. 中国煤炭，2015（9）.

[21] 陈伟. 论信息化建设在企业发展中的重要作用 [J]. 信息系统工程，2015（1）.

[22] 杨洋，王立杰. 煤炭产销密切程度评价指标体系的构建与应用 [J]. 中国煤炭，2012（9）.

[23] 彭慧. 炼化企业产销研一体化规划方案的研究与分析 [J]. 硅谷，2010（18）.

［24］殷济海．围绕产销研一体化进程创新化工销售体制机制［J］．石油化工，2016（9）．

［25］汪红，仲维清，程恋军．元宝山煤矿供应链管理模式设计［J］．辽宁工程技术大学学报（社会科学版），2007（3）．